w*t*v

Wir bedanken uns bei:

den Laudatoren
Stefan Wolf
Stephan Märki
Hans Hoffmeister
Ulrich Dillmann
für die einführenden Worte,

den Rednern
Heiner Geißler
Wolfgang Engler
Friedhelm Hengsbach SJ
Jean Ziegler
für die Reden,

dem Weimarer Grafiker
Hannsjörg Schumann
für die Zeichnungen, die als
Momentaufnahmen während
der Reden entstanden,

Maik Schuck und Axel Clemens
für die Fotos,

Hans Hoffmeister
und der
Thüringischen Landeszeitung (TLZ)

sowie der Stadt Weimar und
dem Deutschen Nationaltheater

für die gute Zusammenarbeit.

E.ON Thüringer Energie AG
für die freundliche Unterstützung.

Herausgegeben in Zusammenarbeit mit der
Stadtkulturdirektion Weimar

FRISST DER KAPITALISMUS SEINE KINDER?

Weimarer Reden 2010

w*t*v

Herausgegeben in Zusammenarbeit mit der Stadtkulturdirektion Weimar

Frisst der Kapitalismus seine Kinder?

Weimarer Reden 2010

ISBN: 978-3-941830-06-6

© 2010 wtv – weimarer taschenbuch verlag
info@verlag-weimar.de
www.verlag-weimar.de

Umschlaggestaltung: Typelicious Ltd. & Co. KG, Mathias Karge, Berlin
Layout und Satz: Typelicious Ltd. & Co. KG, Mathias Karge, Berlin

Redaktion und Koordination: Angela Egli und Julia Roßberg, Weimar

Zeichnungen: Hannsjörg Schumann

Dieser Titel ist in „Walbaum" gesetzt als Reminiszenz an den bedeutenden Weimarer Drucker und Schriftsetzer Justus Walbaum.

Printed in the EU.

INHALT

Zum Geleit

Als am 15. September 2008 der Zusammenbruch der Investmentbank Lehman Brothers die weltweit schwerste Wirtschafts- und Finanzkrise der Nachkriegszeit auslöste, geriet auch eine Wertewelt ins Wanken, deren Fundament auf dem freien Spiel der Marktkräfte gründete. Der Traum von der wundersamen Geldvermehrung wurde über Nacht zum globalen Albtraum, aus Geld-Gläubigen wurden verzweifelte Gläubiger bankrotter Spekulanten.

Haben wir aus dieser Krise, die wohl längst nicht ausgestanden ist, gelernt und wenn ja, was? Diese Frage bewegt nicht nur ausgewiesene Sozialpolitiker und Kapitalismus- und Globalisierungskritiker, sie ist auch ein Dauerbrenner der Medien und Gesprächsthema in Beruf, Familie und Freundeskreis. Die Organisatoren der Weimarer Reden bewiesen daher mit dem diesjährigen Leitthema erneut ihr gutes Gespür für die Brisanz aktueller Themen. Dass man mit Wirtschaftspolitik auch Theatersäle füllen kann, ist dabei mit Sicherheit den „Zugpferden" Heiner Geißler, Wolfgang Engler, Friedhelm Hengsbach SJ und Jean Ziegler zu verdanken, die mit einer gelungenen Mischung aus intellektueller Schärfe und unterhaltsamer Präsentation die aktuelle Wirtschafts- und Sozialpolitik analysierten und interessante alternative Steuerungsmodelle einer globalen sozialen Marktwirtschaft vorstellten. Ihre hochaktuellen Gedanken sind zum Nachlesen traditionell in diesem Band vereint.

„Auf die Füße kommt unsere Welt erst wieder, wenn sie sich beibringen lässt, dass ihr Heil nicht in Maßnahmen, sondern in neuen Gesinnungen besteht", befand der Arzt, Humanist und Friedensnobelpreisträger Albert Schweitzer nach zwei Weltkriegen. Dieser Suche nach neuen „Gesinnungen" und Denkansätzen geben die Weimarer Reden seit 1994 ein mittlerweile weithin beachtetes Podium, das nicht nur Fragen stellt, sondern auch In-Frage-stellt und dabei oftmals verblüffende Sichtweisen und Antworten vermittelt.

E.ON Thüringer Energie fördert diesen Dialog über unser Sein und Wollen nicht nur aus seiner gesellschaftlichen Verantwortung als ein in der Region verankertes Unternehmen, sondern auch aus der Überzeugung heraus, dass der gesellschaftliche Diskurs eine wichtige Triebkraft ist für Fortschritt und nachhaltigen Erfolg. Denn die Zukunft wird von denen gemacht, die über sie nachdenken. In diesem Sinne sind wir auch in „Krisenzeiten" gerne Sponsoringpartner der Stadt Weimar und des DNT.

Reimund Gotzel, Vorstandsvorsitzender der
E.ON Thüringer Energie AG

Laudatio auf Heiner Geißler

Stefan Wolf

Sie haben bereits vor 15 Jahren an dieser Stelle gesprochen, sehr geehrter Herr Geißler. Vielleicht sind heute ja Besucher unter uns, die diese Rede gehört haben. Es war zunächst eine Rede über Deutschland – die, ausgehend von der Befreiung vom Nationalsozialismus 1945, zur friedlichen Revolution 1989 führte und daraus folgend unsere Verantwortung gegenüber Osteuropa und den anderen Ländern der Erde benannte, – also letztlich die ganze Welt einschloss.

Es war eine typische Geißler-Rede, eine, die Goethe widerlegte und bewies, dass „ein politisch Lied" nicht zwangsläufig „ein garstig Lied" sein müsse, da bei Heiner Geißler wo das Gelehrte beginnt, das Politische eben nicht aufhört!

Auch Ihr jüngstes Buch, sehr geehrter Herr Geißler, belegt das eindrucksvoll. Darin beschreiben Sie Ihre Suche nach dem Ort, den es geben müsste. Angeregt von Thomas Morus' Buch „Utopia" fragen Sie danach, „wie ein friedliches, gerechtes, geordnetes, freiheitliches, korruptions- und privilegienfreies Gemeinwesen aussehen könnte und müsste".

Bereits in Ihrer Weimarer Rede 1995 formulierten Sie Folgendes:

„Im Sommer 1990 erlangten die Deutschen die Einheit und sie waren frei. Dann kamen die Marktideologen und verkündeten, dass alles von selber laufe. Der Markt werde es schon richten. Dies ist aber nie die Konzeption der Sozialen Marktwirtschaft gewesen. Der Markt ist unverzichtbar, aber der Markt alleine richtet gar nichts, sondern wir brauchen, und das ist Soziale Marktwirtschaft, eine Sozialpolitik, die nicht nur dafür sorgt, dass Leistung sich lohnt, sondern dass alle am wirtschaftlichen

Fortschritt teilhaben können. Die Freiheit hatten wir, die Einheit auch. Aber was war mit der Gerechtigkeit, mit der Brüderlichkeit, mit der Gleichheit?"

Seitdem hat sich viel verändert. Wir haben eine Finanzkrise unvorhergesehenen Ausmaßes erlebt, die eine Wirtschaftskrise nach sich zog, deren Folgen uns noch lange beschäftigen und die passenden Antworten abverlangen werden.

Die Frage nach der Gerechtigkeit, Brüderlichkeit und Gleichheit scheint weiter nach „Utopia" – hin zu dem nie zu erlangenden Land – gerückt, obwohl vielleicht gerade jetzt die Chance bestünde, sie neu zu beantworten und das zwangsläufig aus der Krise folgende Neue sozial und human zu gestalten.

Die Weimarer Reden stellen auch zunächst einmal Fragen. 2009 befassten wir uns – ausgehend von den Ereignissen 1919, 1949 und 1989 – mit Demokratie und Verfassung und fragten nach der Qualität unserer gegenwärtigen "Verfasstheit".

In diesem Jahr haben wir uns für ein wirtschaftsethisches Thema entschieden: „Frisst der Kapitalismus seine Kinder?" lautet diesmal die provokante Frage. Und ich danke an dieser Stelle allen am Vorbereitungsprozess der Weimarer Reden Beteiligten, ganz besonders der E.ON Thüringer Energie AG für den finanziellen Rahmen, der die Veranstaltungsreihe absichert, den Medienpartnern Thüringische Landeszeitung und MDR 1 Radio Thüringen für die mediale Begleitung und der Weimarer Verlagsgesellschaft für deren nachhaltige Dokumentation! Ohne Sie alle wäre das Erfolgsrezept der von der Stadt Weimar und dem Deutschen Nationaltheater Weimar seit 1994 gemeinsam realisierten Reihe nicht denkbar!

Wir sind nun gespannt auf die Analysen und Schlussfolgerungen der Redner heute und an den folgenden drei Sonntagen, die sich gerade mit diesen aktuellen kapitalismuskritischen Themen in Publikationen und Vorträgen seit langem intensiv auseinandersetzen. Und wir hoffen auch, dabei dem lebenswerten Ort, wie Heiner Geißler ihn beschreibt, etwas näher zu kommen.

Zum Auftakt der Reihe hätten wir uns deshalb keinen passenderen Redner vorstellen können. Auch deshalb haben wir es gewagt, Sie, lieber Herr Geißler, drei Tage vor Ihrem 80. Geburtstag nach Weimar einzuladen. Sie leben, obwohl Ihnen das zustünde, nicht im Ruhestand, sind stattdessen ständig in den großen, wichtigen Themen unserer Zeit unterwegs – also unruhig.

Beunruhigt muss der denkende, fühlende und verantwortlich handelnde Mensch auch sein, angesichts der Aufgaben, die vor uns stehen, um künftigen Generationen eine lebenswerte (Um-) Welt zu hinterlassen.

Ich bitte Sie nun herzlich um Ihre Rede, der Sie den Titel: „Der Tanz um das goldene Kalb" gegeben haben!

Der Tanz um das goldene Kalb

Heiner Geißler

Ich bedanke mich für die Einladung, für die sehr freundliche Begrüßung, die Erwähnung meines Geburtstages war vielleicht überflüssig. Ich war selber etwas überrascht. Aber das Thema, das sie mir gegeben haben, das Ihre ganze Reihe beherrscht, ist ja so aktuell wie eigentlich noch nie: Das goldene Kalb, sozusagen als Metapher genommen, für das, was sich zur Zeit abspielt auf dieser Erde, der Tanz um dieses goldene Kalb. Dieses goldene Kalb, das war damals bei den Israelis kein großes Kalb, sondern es war ein ganz kleines, aber aus Gold. Und die Israelis sind da herum getanzt, weil sie es angebetet haben, sind dafür dann auch bestraft worden. Das heutige Kalb, das ganz offensichtlich auch angebetet wird, ist fast unendlich größer als dieses kleine goldene Kalb damals. Um Ihnen dies deutlich zu machen, muss man sich an Zahlen mit sieben, acht, neun Nullen hinter der vorderen Zahl gewöhnen. Im Jahre 1980 betrug das Welt-Bruttoinlandsprodukt, also das was an Waren, an Gütern produziert und umgesetzt, an Dienstleistungen und Service den Leuten angeboten wurde, zwölf Billionen Dollar. Dem entsprach die Geldmenge, die auf der Welt vorhanden war, ich will das mal so ausdrücken, ebenfalls zwölf Billionen Dollar.

Heute haben wir ein Weltbruttoinlandsprodukt von ungefähr 50 Billionen Dollar. Das sind keine amerikanischen Billionen, sondern europäische, also 50.000 Milliarden Dollar, aber das Geld, das auf der Erde vorhanden ist, beträgt die Summe von 150 Billionen Dollar oder 1.500 Milliarden Dollar, das heißt ungefähr 100 Billionen Dollar haben keine Entsprechung in der realen Ökonomie. Ihnen steht kein realer ökonomischer Wert gegenüber. Es ist sozusagen frei floatendes Geld, das sich in den Händen von relativ wenig Leuten befindet. Wir haben heute

13

einen börsentäglichen Umsatz, jeden Tag auf dieser Erde an den Börsen dieser Welt, von zwei Billionen Dollar jeden Tag. Aber es reicht gar nicht, sondern in diesen 24 Stunden werden noch einmal hunderte von Milliarden Dollar hin- und hergeschoben, um hundertstel Prozentpunkte an Gewinnen herauszuholen. Und die werden dann, man sollte es gar nicht glauben, mitten in Europa steuerfrei geparkt auf den Kanalinseln – damit hätte sich Tony Blair ja mal beschäftigen können –, in der Schweiz, in Liechtenstein, im Kleinen Walser Tal, in Österreich, den Cayman-Inseln, ein bisschen weiter weg, den Bermudas. Um dann am anderen Tag, nachdem die Milliarden dort geparkt worden sind, sozusagen am anderen Tag eingespeist zu werden in dieses global gambling, in dieses globale Spiel mit Devisen und Derivaten der Spekulanten. Durch diese Spekulationen sind vor allem die Schwellfinanzen entstanden mit einem Überschuss von über 100 Billionen Dollar. Dieses Geld sucht natürlich Anlagemöglichkeiten und deswegen hat sich dieses Geld auch der realen Ökonomie bemächtigt, über die Hedgefonds, über die Investmentbanken, die auch das gesamte Bankensystem verändert haben.

Das hat die Folgen gehabt, die wir ja nun in den letzten zwei Jahren, in den letzten anderthalb Jahren erfahren haben, die Finanz- und Wirtschaftskrise, die größte seit 80 Jahren. Es sind ungefähr 1,5 Billionen Dollar regelrecht versenkt worden, verbrannt worden, Geld, das denjenigen, die verbrannt haben und versenkt haben, gar nicht gehörte, ist vernichtet worden. Geld von Millionen von Eigentümern, und einhergehend die Vernichtung von Hunderttausenden von Arbeitsplätzen für die von der Krise betroffenen Menschen. Nun hätte man ja annehmen können, es haben alle daraus gelernt. Aber nun lesen wir ja in der Zeitung, dass es weiter geht. Und jetzt spekulieren die Spekulanten ja nicht mehr allein mit sogenannten Derivaten, mit Finanzprodukten, die erfunden worden sind von Leuten, die den Hals nicht voll kriegen konnten, deren Gier das Hirn dieser Menschen regelrecht zerfressen hat, die gar nicht mehr übersehen konnten, was das für Produkte waren. Am Anfang vielleicht schon, aber hinterher sind sie blind geworden. Und haben noch nicht einmal die einfachsten Regeln mathematischer Intelligenz beherrscht. Das wissen Sie ja, wenn Sie aus einer Kasse, in der 2.000 Euro sind, 3.000 heraus nehmen, dann müssen Sie 1.000 Euro wieder hinein tun, damit nichts drin ist. Bei denen einen dauert es etwas länger, bei den anderen geht es schneller, aber das sind die Gesetze der Mengenlehre. Die haben dann aber geglaubt, sie haben dann 4.000 Euro oder 5.000 Euro. Ich habe ja auch ein Haus gebaut mit meiner Sparkasse. Und natürlich habe ich dazu auch einen Kredit aufgenommen, wie jeder andere, der so etwas macht. Aber ich wäre nie auf die Idee gekommen, dass meine Sparkasse die Forderungen, die sie an mich hat, verkauft. Allein das wäre für mich unvorstellbar gewesen. Da hätte ich sofort die Bank gewechselt. Aber überhaupt nicht in meiner Vorstellungswelt wäre es gewesen, dass die Bank die Forderung gegen mich zusammen mit anderen Forderungen gegen andere Häuslebauer, gegen andere Kreditnehmer, auch solche, die finanziell schwach waren oder schwach sind, also faule Kredite, zusammenpackt mit der Forderung gegen mich. Daraus haben die dann ein eigenes Wertpapier gemacht und diese Wertpapiere, gebündelt mit gesunden, faulen, kranken Krediten, hat man dann auf der ganzen Welt verkauft, bis nach Kapstadt, nach Dubai, New York, überall. Bis sich dann eines Tages herausgestellt hat, dass diese Wertpapiere nichts wert waren. Und nicht mehr so viel wert waren, wie diejenigen geglaubt haben, denen man diese Wertpapiere aufgeschwatzt hat.

Wenn ein Autohändler ein Auto verkauft, die Karosserie glänzt und tadellos ist, aber das Getriebe ist kaputt oder der Motor, der bleibt nach 100 Kilometern stehen, und der Autohändler weiß dies – und er weiß das in aller Regel, sonst wäre er kein Autohändler – und wenn er das Auto trotzdem einem Kunden andreht, dann macht er sich strafbar. Es ist ein Krimineller, der Mann kommt ins Gefängnis. Die Investmentbanker, die mit ihren Finanzprodukten diese faulen Finanzprodukte an die Leute weiter verkauft haben, sind um kein Haar besser als diese Autohändler, sie sind kriminell. Aber da geht es ja nicht um ein Auto für einen einzelnen Menschen, sondern es geht um Kriminalität gegenüber Millionen von Menschen. Und jetzt geht dies ja weiter. Die Spekulanten haben mit Hypothekenkrediten ihre faulen Geschäfte gemacht. Und jetzt machen sie ihre Spekulationsgeschäfte bisher ungehindert mit den Grundnahrungsmitteln, es wird spekuliert mit Reis oder gegen Reis, Mais, Getreide, Zucker.

Die Weltmarktpreise sind infolge dessen im letzten Dreivierteljahr um 60 bis 90 Prozent angestiegen, damit auch die Preise in den Favelas in Brasilien, in den Ranchos in den übrigen lateinamerikanischen Staaten. Und dadurch hat sich die Armut dramatisch vergrößert.

Die Spekulanten machen sich darüber keine Gedanken, das Elend, das durch ihre Spekulationen entsteht. Und jetzt gehen sie so weit, dass sie sogar gegen Länder spekulieren. Nun haben die Griechen ganz sicher – das kann man sagen – über ihre Verhältnisse gelebt. Aber das könnte man sanieren, was Griechenland im Moment an Haushaltsproblemen hat. Aber jetzt wird gegen dieses Land spekuliert, dass heißt, die Spekulanten wetten darauf, dass Griechenland pleite geht. Und damit wetten sie auch gegen den Euro, sie wetten gegen unser Geld.

Bei der zukünftigen globalen Finanzreform ist etwas am aller dringlichsten, dass nämlich Maßnahmen getroffen werden, dass diesem Spekulantentum endlich ein Ende gesetzt wird. Die Spekulation darf nicht unbegrenzt erfolgen, sie muss entweder ganz verboten werden oder es müssen bestimmte Regeln eingehalten werden. Und ich will einen Vorschlag schon einmal vorwegnehmen, über den man vor zwei Jahren noch gelacht hat. Ich kann mich erinnern an eine Debatte in der sogenannten Phoenix-Runde in der Deutschen Bank in Berlin, da waren noch vier, fünf andere bekannte Journalisten und Wirtschaftsführer, auch der DGB-Vorsitzende war dabei, die haben da mit diskutiert. Und ich habe damals den Vorschlag gemacht, den ich gerade erläutern wollte, und ich habe nur noch Hohngelächter geerntet. Dass sie nicht gesagt haben, du stammst aus der Südpfalz, nicht wahr, kein Wunder, dass du solche Sachen erzählst, hätte gerade noch gefehlt. Der Vorschlag, den ich gemacht habe, und weswegen ich zum Beispiel Mitglied von Attac geworden bin, ich bin ja Mitglied von Attac. Aber Attac ist ja nicht, wie viele – ich muss sagen leider – Journalisten glauben, eine Organisation, die Barrikaden errichtet oder Rathäuser stürmt oder sonst was, sich organisiert für irgendwelche Straßenschlägereien. Attac ist die französische Abkürzung für „Association pour une taxation des transactions financières pour l'aide aux citoyens", das heißt auf Deutsch „Vereinigung für eine Besteuerung von Finanztransaktionen zum Nutzen des Bürgers", Einführung einer Börsenumsatzsteuer, einer internationalen Finanztransaktionssteuer. Das ist die Ursache, der Grund für die Gründung dieser Organisation, für dieses globale Netzwerk vieler junger Menschen.

Und ich bin da übrigens auch beigetreten, weil ich diese jungen Leute unterstützen wollte in der Wahrnehmung eines der vornehmsten Grundrechte, die wir in der Bundesrepublik Deutschland haben. Die anwesende frühere Frau Vizepräsidentin Vollmer weiß dies aus den Debatten des Deutschen Bundestages: Neben der Rede- und Pressefreiheit und neben dem Wahlrecht, ist es das vornehmste Grundrecht der Menschen, dass sie demonstrieren dürfen, Demonstrationsrecht. Aber das Demonstrationsrecht in der Bundesrepublik Deutschland ist ja in den Augen mancher Behörden gar kein Demonstrationsrecht, sondern die sehen in den Demonstranten schon verkappte Terroristen. Dabei sind es Leute, die demonstrare, das heißt, zeigen, den Regierenden zeigen wollen durch diese Demonstrationen, womit sie einverstanden sind oder womit sie nicht einverstanden sind. Und das setzt natürlich voraus, dass diese Demonstrationen dort stattfinden, wo die Regierenden sich auch befinden, damit die es auch sehen können, sonst hat ja das Demonstrationsrecht wenig Sinn. Ich habe auch gehört, in Heiligendamm bei dem G8-Treffen vor wenigen Jahren, da hat ja das Demonstrationsrecht auch eine große Rolle gespielt. Und da gab es einige, die haben gesagt, die können ja demonstrieren, aber die müssen ganz weit weg von diesem Tagungsort. Ja, das hätte gerade noch gefehlt, dass die sagen, ihr könnt zwar nicht an der Ostsee demonstrieren, aber vielleicht am Tegernsee oder am Starnberger See. Da kann man ja auch demonstrieren, aber das ist natürlich die Verkehrung des Demonstrationsrechtes. Also ich bin – um wieder darauf zurück zu kommen – Mitglied dieser Organisation geworden, um dieses Demonstrationsrecht, das von diesen Attac-Leuten effektiv ausgeübt werden wollte, um dieses Demonstrationsrecht ideell zu stärken. Natürlich, das ist ein weltweites Netz, und da gibt es natürlich auch Radikale, wenn nicht sogar ein paar Autonome darunter, das kann man nicht verhindern. Aber ich bin katholisch und

17

in meiner Kirche gibt es auch Radikalinskis, Piusbrüder zum Beispiel, aber deswegen trete ich ja nicht aus der Kirche aus. Das ist ja keine politische Partei, da gelten strengere Regeln. Also die Einführung einer internationalen Finanztransaktionssteuer. Und hätten wir eine solche Steuer bei einem börsentäglichen Umsatz von zwei Billionen Dollar, und würden eine Steuer erheben von 0,1 Prozent, dann ergäbe dies eine Summe von 300 Milliarden Dollar im Jahr. Die UNO braucht zur Finanzierung ihrer Millenniumsziele bis zum Jahre 2015 – Halbierung der Armut, Zugang aller Kinder zu einer Schule, Brunnenbohren in Afrika, die Bekämpfung der globalen Volkskrankheiten – pro Jahr einhundert Milliarden. Wir hätten Geld übrig. Wir könnten zum Beispiel die Entwicklungshilfe bei uns in der Bundesrepublik Deutschland über diese Mittel finanzieren. Man könnte das Ministerium schließen, den jetzigen Minister nicht wegschließen, aber für eine andere Aufgabe einsetzen, was er ja ohnehin schon wollte bevor er Minister wurde. Und man könnte diese zwölf Milliarden zum Beispiel einsetzen für die Kultur, die Kunst, für Weimar, aber vor allem für unsere Schulen und für unsere Universitäten. Oder für das Gesundheitswesen, weil ja immer darüber geklagt wird, es gäbe kein Geld auf dieser Erde und in der Bundesrepublik Deutschland. Ich will es auch gleich vorwegnehmen, wollte es alles etwas später sagen, aber es ergibt sich logischerweise schon aus dem, was ich bisher gesagt habe: Das Geldargument ist immer ein wichtiges Argument, das ist wahr, aber es ist nicht das entscheidende. Es gibt eben auf der Erde Geld wie Dreck, Geld wie Heu, ich habe es gerade gezeigt, es ist nur völlig falsch verteilt.

Deswegen liegt in dieser globalen Finanzreform unsere eigentliche Aufgabe, die sich uns für die Zukunft stellt, wenn dieser Tanz um das internationale goldene Kalb beendet werden soll. Da kann man natürlich die Frage stellen, wie kam das eigentlich und welche Voraussetzungen müssen wir schaffen, damit sich dies ändert. Wir sind über lange, lange Jahre und Jahrzehnte das Opfer einer Shareholder-Value-Ökonomie geworden, inspiriert durch eine Reihe von Wirtschaftswissenschaftlern, die sich wie kaum andere Wissenschaftler geirrt haben, eine Ökonomie, die keine Werte kannte jenseits von Angebot und Nachfrage. Und die, wie wir gesehen haben, die Spekulanten begünstigt und langfristige Investitionen behindert hat. Die Staatsmänner dieser Erde, die ließen sich von der Finanzindustrie erpressen, auch von den Banken gegeneinander ausspielen. Es hieß immer, wenn ihr dies oder das oder jenes macht, dann ziehen wir die Gelder vom Finanzplatz Frankfurt ab und gehen nach London oder auch New York. Das ist auch eine sehr wirksame Drohung gewesen. Deswegen, alles was wir da machen müssen, müssen wir international machen. Da kann Deutschland allein gar nichts machen, aber das werden wir noch sehen, es ist machbar, dass wir das international machen. Und verantwortlich für diese ganze Entwicklung war eben ein Meinungs-Kartell von Ökonomieprofessoren, aber auch Publizisten, die meinten, eine menschliche Gesellschaft müsse funktionieren wie ein Industriekonzern. Und die sich beharrlich geweigert haben, anzuerkennen, dass der Markt eben geordnet sein muss, dass auch global Regeln einzuhalten sind. Heute spüren wir die Folgen dieser Wahnidee, von der der Herr Oberbürgermeister vorhin schon gesprochen hat, nämlich die Wahnidee der Marktgläubigkeit, der unsichtbaren Hand. Der Markt werde schon alles regeln, das hat man ja auch gesagt nach der Einheit 1989/1990. Man braucht keine Steuererhöhung für die deutsche Einheit. Der Markt, der wird es schon regeln. Einige haben gesagt, wir bezahlen das alles aus der Portokasse, der Markt wird alles regeln. Möglichst viel Markt, möglichst wenig Staat – eine Wahnidee! Das hat auch Friedrich von Schiller, den ich hier gerne erwähne, wie Sie sich denken können, in seinem Lied von der Glocke völlig zu recht gesagt: „Gefährlich ist's den Leu zu wecken, verderblich ist des Tigers Zahn; jedoch der schrecklichste der Schrecken, das ist der Mensch in seinem Wahn."

Das Schrecklichste vom Schrecklichen, das waren die Wirtschaftswissenschaften in den letzten zwei Jahrzehnten, die uns auf eine völlig falsche Fährte gesetzt haben, weil man eben auch verkannt hat – es hat auch Wirtschaftswissenschaftler gegeben, die haben das richtig erkannt, aber sie wurden halt in die Ecke gestellt, wie zum Beispiel Professor Bofinger aus Würzburg, der der einzige war im Sachverständigenrat, der diese monetaristischen Ideen von Milton Friedman und Friedrich von Hayek abgelehnt hat. Er war der letzte Keynesianer, wie er gesagt hat, also ein Anhänger von antizyklischer Wirtschaftspolitik Es hat genügend Leute gegeben, die es richtig gesehen haben. Einer der Gründer der Sozialen Marktwirtschaft, Alexander Rüstow, der hat einmal gesagt, Milton Friedman und Friedrich von Hayek, die Hauptverursacher dieser ganzen Entwicklung, sie gehörten in Spiritus gesetzt, ins Museum des Frühkapitalismus. Und sie haben ja mit dieser Trias, dieser neokapitalistischen Trias Liberalisierung, Deregulierung, Privatisierung genügend Unheil angerichtet auch hier bei uns in den neuen Ländern. Denn die Treuhand hat genau dies getan.

Anstatt dass man den Staat, damals die Bundesrepublik Deutschland, Industriepolitik hätte machen lassen, wie es die überwiegende Mehrheit der Christlich Demokratischen Union auch wollte, sind wir damals unter Druck gesetzt worden von den Liberalen, die gesagt haben, wenn ihr Industriepolitik macht, ist das Sozialismus. Das hören wir ja immer, wenn den Neoliberalen was nicht passt, dann ist es entweder Sozialdemokratisierung oder es ist Sozialismus! Das hören wir ja heute auch. Dagegen wäre ja zu sagen, dass dann Ludwig Ehrhard auch ein Sozialist gewesen wäre. Denn 1950, als es darum ging, mit dem Problem des demontierten Ruhrgebietes wieder fertig zu werden, haben die damals Industriepolitik gemacht. Sie haben eine Investitionsabgabe eingeführt. Die mussten alle bezahlen, alle Betriebe, die nicht demontiert worden waren. Und mit dieser Investitionsabgabe ist das Ruhrgebiet wieder modern aufgebaut worden. Was vorher demontiert worden war, die Engländer und Franzosen haben die alten Maschinen abtransportiert und bei sich wieder aufgestellt. Und wir hatten mit den neuen Geldern neue Maschinen, moderne Maschinen, moderne Industriekomplexe im Ruhrgebiet aufgebaut und waren natürlich nach kurzer Zeit den Engländern und Franzosen wirtschaftlich überlegen, die mit unseren alten Maschinen versuchten Konkurrenz zu machen, was natürlich nicht mehr gelang. Das hat man den neuen Ländern zum Großteil verweigert, mit Ausnahme von Sachsen und Thüringen, partiell, aber sonst sind wir hier auch in den

neuen Ländern das Opfer dieser neoliberalen Ideen geworden.
Und es ist nun eben einmal so, das hat John Maynard Keynes
gesagt und sogar Hayek hat dem zugestimmt, er habe niemals
etwas Wahreres gesagt, meinte Hayek: Die Ideen der National-
ökonomen und Philosophen wirken stärker als allgemein angenommen wird, und zwar sowohl wenn sie recht haben als auch
wenn sie irren. Tatsächlich wird die Welt kaum von etwas ande-
rem regiert als von diesen Theorien.

Ich habe Ihnen geschildert, wie sich das Geldvolumen entwickelt
hat. Mit der Größe dieser Finanzindustrie hat sich natürlich auch
der Einfluss verstärkt, auch der politische Einfluss. Und ich muss
es noch einmal wiederholen, die Publizisten, vor allem die verantwortlichen Redakteure der Wirtschaftsteile unserer großen
Zeitungen haben das alles mitgemacht, mitgetragen, und sie ent-
puppten sich als gewiss arglose, aber eben nützliche Werkzeuge
dieser Theorien.

Die Veränderungen können Sie leicht erkennen, wenn Sie sich
noch einmal ins Gedächtnis rufen, welche Aufgaben die Banken
eigentlich gehabt haben, die Banken und die Versicherungen.
Und wenn ich jetzt über Banken rede, muss ich gleich eine
Einschränkung machen: Alles was ich jetzt sage, gilt nicht für die
Genossenschaftsbanken und die Volksbanken, die Sparkassen.
Nur die Landesbanken, die sind ans jenseitige Ufer geraten, wie
wir alle wissen. Aber die Sparkassen und die Volksbanken, die
müssen von einer negativen Beurteilung ausgenommen werden,
weil sie sich eben richtig verhalten haben und ihre eigentliche
Aufgabe bewahrt haben – nämlich Dienstleistungsunternehmen
zu sein für die Wirtschaft, die Privaten, aber auch für den Staat,
indem sie das Geld, das sie eingesammelt haben bei den
Bürgerinnen und Bürgern in Form von Krediten weiter gegeben
haben für die Investitionen der Kommunen und der Industrie.
Aber jetzt ist es umgekehrt: Die Großbanken dienten nicht
mehr den Unternehmen, der Realwirtschaft, sondern die Realwirtschaft stand im Dienste der Finanzindustrie, die einen immer
größeren Teil der Gewinne auf sich zog. Ich zitiere den früheren
Weltbankökonomen und heutigen Professor an der London

School of Economics and Political Science, Robert Wade, der sagte: „Der Diener hat sich in den Meister verwandelt, der Schwanz wedelt mit dem Hund." Und Sony Kapoor, ein ehemaliger Derivatehändler, vergleicht die Lage, die da entstanden war, mit dem Autoverkehr: „Das Finanzsystem ist früher wie ein Auto auf glatter Straße gefahren, der Fahrer war ausgebildet, und es gab Verkehrsregeln und Kontrollen." Heute dagegen gleiche der Markt „einer großen Zahl von Lastwagen, die, mit Brennstoff beladen, auf einer Landstraße voller Schlaglöcher Rennen fahren" – ohne Regeln und ohne Verkehrspolizei. Das ganze System ist an der Wurzel verdorben.

Und die Krise hat ja nicht nur ahnungslose deutsche Provinzlandesbanker erfasst, die tölpelhaft die Bankenaufsicht aushebeln wollten, sondern genauso die Weltbanken, die hat es auch erwischt: Lehman Brothers, Goldman Sachs – oder bei uns Hypo Real Estate – (Warum eine deutsche Bank eigentlich solche englischen Abkürzungen verwendet?) Aber wir sind genauso erfasst worden, von der französischen Société Générale bis zur schweizerischen UBS. Also bei der französischen Société Générale ist ja vor zwei Jahren folgendes passiert: Da hat ein einzelner Händler fünf Milliarden Euro einfach verzockt, die sind verschwunden. Das ist schon schlimm genug, aber was soll man denn dazu sagen: Die Bank hat es überhaupt nicht gemerkt. Auch der Vorstand nicht, die haben das überhaupt nicht gemerkt. Daran kann man ersehen, dass das System in sich faul geworden ist. Und aus diesem Grund ist die Konzeption einer neuen wirtschaftlichen, finanzpolitischen Ordnung auf dieser Erde unser wichtigstes Ziel.

Wir haben ja innenpolitisch einiges an Diskussionen zur Zeit – und manchmal gerät auch die Kanzlerin in die Kritik, weil sie angeblich nicht führt. Ich bin froh, dass sie sich nicht so benimmt wie der Vorsitzende der FDP. Sie macht etwas völlig richtig, denn sie konzentriert sich auf die wichtigste Aufgabe, die wir heute zu lösen haben, nämlich international zu arbeiten, dass die Beschlüsse der G20 Staaten in London, die in Pittsburgh, noch einmal aufgegriffen und auch tatsächlich umgesetzt werden, wozu es gute Chancen gibt. Darauf konzentriert sie sich. Es ist die wichtigste politische Aufgabe, wie man unschwer erkennen kann, nachdem was wir bisher miteinander erörtert haben. Wie ist es entstanden? Da muss man vielleicht noch nachtragen, es ist entstanden dadurch, dass 1970, 1972 und 1973 die Devisen frei gegeben worden sind. Es gab keine Bindung der Devisenmärkte mehr an den Dollar und man hat versäumt, stattdessen internationale Kontrollmechanismen einzurichten. Infolgedessen haben sich die internationalen Finanzmärkte völlig ungeregelt und unkontrolliert entwickelt, so wie ich das am Beispiel des Geldvolumens auch gezeigt habe.

Das System, das wir heute haben, ist das kapitalistische System. Wir haben keine Soziale Marktwirtschaft mehr. Das wird zwar von einer Reihe von Leuten ständig bestritten und die nehmen diesen Begriff für sich in Anspruch, aber damit haben sie natürlich nicht recht. Denn die Soziale Marktwirtschaft, die vor 60 Jahren in Gang gesetzt wurde unter der Stabführung von Ludwig Erhard in Westdeutschland, war die erfolgreichste Wirtschafts- und Sozialphilosophie, die es in der gesamten Wirtschaftsgeschichte gegeben hat. Aber sie war ein ethisches, geistiges Bündnis zwischen dem Ordoliberalismus der Freiburger Schule – Walter Eucken, Wilhelm Röpke, Alexander Rüstow, den ich schon genannt habe – also ein ethisches, geistiges Bündnis zwischen dem Ordoliberalismus der Freiburger Schule, dem Ordoliberalismus, nicht Neoliberalismus, wie die heutigen Liberalen ständig falsch interpretieren – von meinem Freund Guido Westerwelle angefangen bis zu meinem wirklichen Freund Friedrich Merz, der zwar eine völlig andere Auffassung hat. Sie haben völlig zu recht gelacht, der Guido Westerwelle ist nicht mein Freund. Er ist ein politischer Konkurrent natürlich und ist jetzt der Koalitionspartner. Wenn ich mir da noch eine Bemerkung erlauben darf: Ich war Generalsekretär der CDU auch in der Zeit, in der die Union eine Koalition hatte mit der FDP. Ich habe gegen eine solche Koalition überhaupt nichts, gar nichts. Es war damals auch eine wirklich gute Koalition mit Hans Dietrich Genscher, Otto Graf Lambsdorff, Gerhard Baum, Walter Scheel und vielen anderen Menschen, die Liberale waren, nicht nur Wirtschaftsliberale, sondern es waren auch Bürgerrechtsliberale. Wenn die heutigen Liberalen eben leider keine Bürgerrechtsliberalen mehr sind mit Ausnahme von Frau Leutheusser-Schnarrenberger. Die anderen haben sich reduzieren lassen auf den Wirtschaftsliberalismus, das ist das eigentliche Manko der jetzigen FDP, worüber man sich überhaupt nicht freuen kann. Aber ich habe damals gesagt, diese Koalition mit der FDP ist gut, aber wir müssen ja nicht alles, was die vorschlagen, übernehmen. Wenn ich meinen Hund liebe, muss ich nicht auch seine Flöhe lieben. Das leuchtet ja ein. Und das gilt im Übrigen für jede andere Koalition auch. Auch jetzt gilt dies. Also ein Ja zu dieser Koalition beinhaltet nicht, dass wir da alles übernehmen.

Damals war eben die Soziale Marktwirtschaft entstanden – ich komme zurück auf den Ausgangspunkt, ich habe da eine etwas längere Zwischenpassage gemacht –, ein geistiges Bündnis zwischen dem Ordoliberalismus und der katholischen Soziallehre und der evangelischen Sozialethik, Nell-Breuning, Hirschmann und andere. Das hat eben dazu geführt, dass die Soziale Marktwirtschaft auf jeden Fall zumindest zwei Elemente hatte. Das wichtigste Buch, das Ludwig Erhard geschrieben hat, hieß „Wohlstand für alle", und die haben auch gemeint, was sie gesagt haben. Und in Westdeutschland hat es ja auch funktioniert. Die alte soziale Frage ist durch die Soziale Marktwirtschaft beantwortet worden, die alte soziale Frage war die Arbeiterfrage. Die Leute waren arm im vorletzten Jahrhundert bis Anfang und Mitte des letzten Jahrhunderts, wenn und weil sie Arbeiter waren. Das war nach 1950 vorbei. Die westdeutsche arbeitende Bevölkerung ist mitgenommen worden und hat partizipiert durch Sozialpartnerschaft, Absage des Klassenkampfes, Gewerkschaften und Arbeitgeber in der Sozialpartnerschaft, der Tarifpartnerschaft. Die Arbeitnehmer haben partizipiert am wirtschaftlichen Fortschritt. Das war der Erfolg der Sozialen Marktwirtschaft, der im Übrigen auch die Politik außerordentlich stabilisiert hat. Wohlstand für alle – das waren keine leeren Worte.

Heute sind wir wieder zurück gefallen. Heute bekommt man wieder Probleme, wenn man Arbeitnehmer ist. Man wird arbeitslos zum Beispiel. Wenn man dann Hartz IV-Empfänger wird, Fürsorgeempfänger, und dies jedem passieren kann, allen, es sei

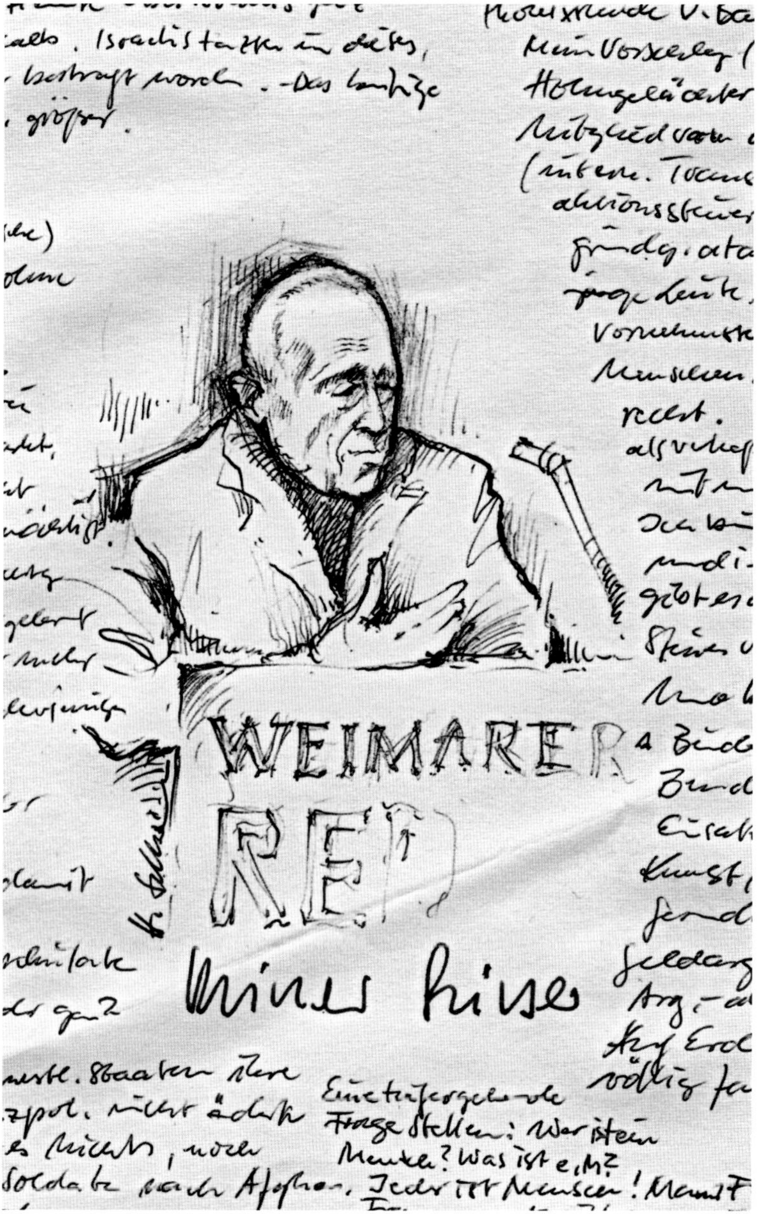
WEIMARER

denn, sie sind Beamte, oder ähnlich situierte Leute im öffentlich-rechtlichen Fernsehen, im Rundfunk und so weiter und so fort. Aber ansonsten kann es jedem passieren, sogar Vorstandsmitgliedern. Ich will nachher noch mal kurz darauf zu sprechen kommen: Wohlstand für alle. Und das zweite Kriterium war geordneter Wettbewerb. Das ist der entscheidende Begriff. Die Sozialen Marktwirtschaftler wussten genau, wenn es keinen geordneten Wettbewerb gibt, haben wir zum Schluss nur noch Oligopole und Monopole. Und das ist ja genau der Weg, wie sich das entwickelt hat: immer größere Gebilde, Megalomanie, Gigantomanie, vor allem auch im Finanzbereich, wo es ja schließlich so war, dass Banken so groß geworden sind, dass man sie gar nicht mehr pleite gehen lassen konnte. Weil sonst alles zusammengebrochen wäre. Die ganze Finanzindustrie konzentrierte sich auf einige wenige Banken. Und deswegen sagen ja viele, dass die Amerikaner die Banken wie Lehman Brothers haben pleite gehen lassen, war ein schwerer Fehler, denn die haben dann in ihrem Sturz alles mitgerissen.

Die Bundesregierung hat ungefähr 500 Milliarden Euro zur Verfügung gestellt, nicht bezahlt, aber zur Verfügung gestellt für den Fall, dass bei uns etwas ähnliches notwendig werden würde. Und bei dieser schon erwähnten deutschen Bank Hypo Real Estate ist es ja auch tatsächlich so gemacht worden. Sie ist gekauft worden, sie gehört jetzt uns allen, dem deutschen Volk.

Immer größer, auch im real ökonomischen Bereich (Mannesmann-Vodafone, Rhône-Poulence-Hoechst). Hoechst filetiert und auseinander genommen, weil der damalige Vorstand Geld sehen wollte, Aventis ist daraus entstanden. Das hat noch nicht gereicht, dann kam noch Sanofi dazu. Sie können hingucken, wo Sie wollen: immer größer, immer größer. Dass das nicht gut gehen kann, nicht wahr, dass weiß der Volksmund. Sie kennen ja vielleicht die Geschichte von dem reichen katholischen Aktionär – ich glaube, ich habe die hier in Weimar schon einmal erzählt – der seiner Pfarrei jährlich hohe Spenden zukommen ließ. Der Pfarrer prophezeite ihm nach seinem Tod das sofortige Paradies. Und der Bischof von Speyer hat das oberhirtlich bei der Firmung bestätigt, denn er hatte von dem Geldsegen auch was abbekommen. Eines

Tages ist der Aktionär dann gestorben, wie das halt so kommt. Die Zeit läuft, darüber muss sich jeder im Klaren sein. Von hundert Leuten sterben hundert, da gibt es keine Ausnahme für einen Aktionär oder sonst jemanden. Zumal ist der Tod total demokratisch, er packt jeden, den amerikanischen Präsidenten genauso wie den Busfahrer hier in Weimar. Also, da ist der gestorben und kam in den Himmel und stand vor dem Himmelsportal und hat gedacht, es öffnen sich die Tore und es regnet Manna, die Engel singen Halleluja und die Posaunen erschallen. In der Tat öffnet sich das Himmelsportal und der Aktionär schaut da rein. Und was sieht er? Rabenschwarze Nacht, es stinkt nach Pech und Schwefel, und in der Mitte steht der Teufel. Da sagt der Aktionär: Aber man hat mir doch das Paradies versprochen. Da sagt der Teufel: Nur hereinspaziert, wir haben fusioniert.

Das ist nun genau der Vorgang, der bei dieser Megalomanie dann die Folge ist. Das kann man besichtigen. Diese falsche Entwicklung, die kam ganz sicher, für einige wenige war das der Himmel, kann man auch jeden Tag in der Zeitung lesen. Aber für die allermeisten war es Fegefeuer oder die Hölle, auch für die Eigentümer, für viele Aktionäre, auch kleine Leute, vor allem für die Arbeitnehmerinnen und Arbeitnehmer. Unordnung ist entstanden in der internationalen Wirtschaftsordnung, und die Frage ist: Was müssen wir an Voraussetzungen schaffen, dass es eine neue Wirtschaftsordnung gibt. Denn so kann es nicht weiter gehen. Die Soziale Marktwirtschaft hatte diesen geordneten Wettbewerb. Und dieser geordnete Wettbewerb ist natürlich garantiert worden. Durch wen? Durch den Staat, von wem sonst. Die Wirtschaft ist ein Teil des Ganzen, und die Politik hat die Prärogative gegenüber den gesellschaftlichen Bereichen. In dem Moment aber wo die Ökonomie globalisiert, entzieht sie sich diesem Ordnungsrahmen. Sie vagabundiert, sie emanzipiert sich von der staatlichen Ordnung. Und plötzlich gelten Werte als absolut, die vorher eingebunden waren in dieser Ordnung: der Börsenwert eines Unternehmens, der Aktienkurs, das ist die vorhin von mir schon erwähnte Konzeption des Shareholder Value. Benjamin Barber, der langjährige Berater von Bill Clinton, Professor an der University von Maryland hat vor nicht allzu langer Zeit in der Wochenzeitung Die Zeit ein Interview gegeben und hat gesagt: Die Weltwirtschaft ist eine Welt des Chaos, der Anarchie, ohne Gesetze, ohne Regeln, ohne soziale Übereinkünfte. Eine Welt, von der die Privatwirtschaft profitiert, aber genauso die Mafia, die Drogendealer. Und wir können hinzufügen auch die Terroristen – Alkaida, Osama bin Laden sind Partizipienten an dieser Finanzindustrie. Die Folge ist Unordnung. Es gibt auf der Welt 300 Leute, die haben ein Vermögen zusammen genommen von einer Billion Dollar. Das ist genauso viel wie die Hälfte der Menschheit, nämlich drei Milliarden an jährlichem Einkommen hat. 2,4 Milliarden Menschen, und die Zahl wird im Moment größer, haben pro Tag weniger zum Leben als den Gegenwert von einem Dollar. Jede Woche sterben 250.000 Kinder unter fünf Jahren, weil sie nicht genügend zu essen haben. Der Kongo, das reichste Land der Erde, wo es alles gibt, Gold, Mangan, Platin, Kupfer, Kohle, Erdöl, Uran, alles gibt es im Kongo, wird ausgebeutet von einigen wenigen chinesischen, europäischen, amerikanischen Firmen. Die Menschen, denen diese Bodenschätze eigentlich gehören, bekommen davon nicht einen müden Dollar. Das ist die reale Situation, die wir heute haben. Im Übrigen beteiligt sich die Europäische Union, ein echter Skandal, an dieser ausbeuterischen Entwicklung. Auf den Märkten im Senegal werden zu 80 Prozent holländische Tomaten angeboten oder belgische Gurken. Die Baumwolle, aus denen die T-Shirts gemacht werden in Indien, die sie bei Tchibo oder sonst wo kaufen können hier in Deutschland, die werden nicht hergestellt aus indischer Baumwolle oder aus afrikanischer Baumwolle, sondern aus amerikanischer Baumwolle. Weil die amerikanische Regierung die Baumwollfarmen in Amerika mit vier Milliarden Dollar jährlich so subventioniert, dass diese Baumwolle billiger ist, als das, was in Südafrika oder Indien an Baumwolle produziert wird. Und mit dem Zucker ist es genauso. Der Zucker, Rübenzucker, in meiner Heimat, in meinem alten Wahlkreis in der Pfalz oder anderswo, wird von der Europäischen Union so hoch subventioniert, dass er auf dem Weltmarkt billiger ist als der Rohrzucker aus Mittelamerika oder von den Philippinen. Durch die Agrarsubventionen macht die Europäische Union hunderttausende von bäuerlichen Existenzen in Afrika kaputt. Jede europäische Kuh wird subventioniert mit 1.000 Euro, auch die schweizerischen Kühe. Der Nestlé-

Konzern würde die Überschüsse dieser Milchproduktion gerne auf dem Weltmarkt verkaufen, aber die Milch ist immer noch zu teuer, da wird Milchpulver draus gemacht. Infolge dessen wird dann pro Tonne Milchpulver noch mal eine Transportsubvention von 350 Euro bezahlt. Jetzt kann der Nestlé-Konzern das Milchpulver auf der Erde verkaufen, aber der Milchbauer aus Jamaika hat keine Chance mehr. Auch wir sind verwickelt, verfilzt, korrumpiert durch diese falsche Entwicklung, durch diese Gier nach Geld mit der Folge, dass die Armut auf dieser Erde immer größer wird.

Ich war einer der ersten Abgeordneten, Frau Vollmer weiß das, die zusammen mit Abgeordneten in Kabul war, nach dem 11. September. Und die ersten deutschen Soldaten waren auch schon da. Ich war sehr beeindruckt damals. Wenn ich das mal nebenbei sagen darf: Ich kann manchmal die Diskussionen über Afghanistan gar nicht mehr hören. Denn darüber müssen wir uns auch im Klaren sein. Mir sind schreckliche Dinge erzählt worden: Die Frauen mit ihren Burkas, die nicht mehr aus den Häusern durften während der Talibanherrschaft, es sei denn in Begleitung eines Mannes. Mädchen durften nicht in die Schule, nicht ein einziges, sie mussten zu Hause bleiben. Die Geschichte von Aischa, die mir selber erzählt worden ist. Ein junges Mädchen fuhr zur Hochzeit zu ihrem Bräutigam mit dem Taxi, tief verschleiert, aber es war heiß und das Fenster war auf. Und da hat der Wind den Ärmel hoch geblasen. Man konnte die Finger sehen, die waren rot lackiert. Da ist das Taxi angehalten worden und man hat der jungen Frau auf offener Straße die fünf Finger abgehackt. Das ist die Herrschaft der Taliban gegenüber den Frauen bis auf den heutigen Tag. Daran hat sich nichts geändert an der Unterdrückung der Frauen. Und wenn die NATO aus Afghanistan herausgeht, dann rücken die Taliban nach. Und wir müssen uns die Frage stellen, warum wir diese Frauen und Mädchen in Zukunft wieder diesem Terrorregime überlassen wollen. Man kann nicht – das ist etwas vom Dümmsten, was ich gehört habe, leider Gottes auch ein Vorschlag unseres jetzigen Außenministers , dass man sagt, bis zu einem bestimmten Datum müssen die Leute raus, unsere Soldaten. Aber bis dahin wollen wir möglichst viele Talibani abwerben, damit sie zu uns in das richtige Lager kommen. Ja aber wenn wir denen sagen, nach vier Jahren sind wir gar nicht mehr da, ja glauben Sie, ein einziger Taliban kommt dann. Wenn er genau weiß, wenn er überläuft, wird er in vier Jahren massakriert. Wir haben auch eine Verantwortung für die Menschenrechte. Jetzt haben wir uns dort engagiert gegen den Terrorismus und haben den Leuten Hoffnung gegeben und bauen die Grundlagen dafür auf, dass sie ein demokratisches System bekommen und eines Tages sich selber schützen können. Da kann man sie nicht einfach aus innenpolitischen Gründen im Stich lassen. Das ist meine Meinung. Sie müssen diese Meinung nicht teilen.

Aber das habe ich auch meinen Attac-Freunden gesagt, die so vor einem halben Jahr gegen die NATO demonstriert haben in Baden-Baden: Wer gegen die NATO demonstriert mit dem Ziel, dass sie aus Afghanistan raus gehen soll, der macht sich zu Handlangern der Talibani. Daran führt überhaupt kein Weg vorbei an dieser Erkenntnis. Natürlich muss die Sache gelingen. Das ist auch wahr. Aber ich würde einmal vorschlagen, es sind ein paar gute Entwicklungen in Gang gekommen. Und natürlich ist das Militärische nicht das Entscheidende, sondern der zivile Aufbau, aber man muss dies weiter führen.

Ich komme zurück: Ich war einer der Ersten, die in Kabul waren und in Pakistan, Indonesien und all diesen Ländern. Wenn man weiß, was da los ist, die Armut, die dort vorhanden ist, auch die Bildungsarmut, dass 2,4 Milliarden Menschen weniger zum Leben haben als den Gegenwert von einem Dollar. Dann konzentriert sich eben diese Armut in den Elendsvierteln, in den Armutsquartieren von Indonesien, von Pakistan, in Kalkutta, in Indien, in Afghanistan, im Iran, im Irak, im Jemen, in Palästina, in Somalia, auch in Ägypten, in Algerien, wo 90 Prozent der jungen Leute arbeitslos sind und keinen Job haben. Und es ist auch klar, wenn so viele junge Menschen Null Perspektive haben für ihr irdisches Leben, dann werden sie leicht das Opfer der islamistischen Heilsversprechen, die ihnen den Himmel versprechen, das Paradies, wo sie von 70 Jungfrauen empfangen werden und nicht berauschenden Wein trinken dürfen, das Paradies. Nebenbei muss ja die Frage erlaubt sein, von wem werden eigentlich die Frauen empfangen, die ins Paradies kommen. Interessante Frage, nicht? Aber darauf gibt der Koran auch keine Antwort.

Der Terrorismus wird natürlich gespeist durch diese verheerende soziale Situation. Das Mittelmeer ist ein Binnenmeer zwischen Europa und Nordafrika. Und mitten in diesem Binnenmeer liegen ein paar Inseln, da machen Millionen von Deutschen und anderen europäischen Völkern ihren Urlaub. Deutsche Minister lassen sich im Swimmingpool dort ablichten und machen sich zum Gespött für ganz Europa. Aber ein paar Kilometer weiter südlich dieses Binnenmeeres, das man an der Meerenge von Gibraltar mit einem Surfbrett in zwanzig Minuten überqueren kann, ein paar Kilometer weiter südlich, an den Ufern Nordafrikas, erheben die Gottesstaaten ihr Haupt und wollen dort ihr Regime errichten, z.B. in Algerien. Und sie bekommen einen unheimlichen Zulauf durch die Millionen von armen Menschen. Wir können, das ist wahr, noch mehr Soldaten nach Afghanistan schicken. Es wird dann allerdings keinen Wert haben, wenn die westlichen Demokratien nicht endlich ihre Wirtschafts- und Finanzpolitik ändern. Auch die Europäische Union.

Die Grundvoraussetzung dafür ist, dass wir überhaupt anerkennen, dass die Politik, auch die internationale Politik, ein ethisches Fundament braucht. Denn die Unordnung, die wir haben, ist zurückzuführen auf den Verlust ethischer Grundsätze. Aristoteles hat einmal gesagt, die Politik ist nichts anderes als das Bemühen, das geordnete Zusammenleben der Menschen zu ermöglichen. Aber was ist die Ordnung, die richtige Ordnung? Die Römer hatten die Pax Romana, das Mittelalter die Zwei-Reiche-Lehre, die Bourbonen „L'état c'est moi", also den Absolutismus, die Nazis hatten eine Ordnungsvorstellung, die Kommunisten.

Was haben wir für eine Vorstellung von der richtigen Ordnung? Wir könnten uns ja an Immanuel Kant halten mit dem kategorischen Imperativ: Handele stets so, dass die Maxime deines Handelns zum Grundsatz auch der allgemeinen Gesetzgebung werden kann, ich will es einmal so formulieren. Aber das wird uns nicht viel weiter helfen, denn die Frage, ob die Maxime, die ich für richtig halte, auch von anderen akzeptiert wird, das ist eine völlig offene Frage. Die Vorstellung, die die Frau Vollmer über die Gleichberechtigung der Frauen hat, für diese Vorstellung käme sie im Iran unter dem Staatspräsidenten Ahmadinejad wahrscheinlich ins Gefängnis, Alice Schwarzer auch und viele andere mehr. Und der verstorbene Papst Johannes Paul II. hatte vom Irak-Krieg eine völlig andere Vorstellung als der amerikanische Präsident George W. Bush. Das hilft uns nicht weiter.

Wir müssen eine andere Frage stellen, die tiefer geht. Und da werden Sie möglicherweise denken, wenn Sie diese Frage hören, die ist aber arg primitiv und banal, aber Sie werden sehen, die Antwort auf diese Frage, die hat unglaubliche Konsequenzen. Sie bringt auch die Lösung für das ethische Fundament, das wir dringend brauchen, um eine stabile Weltwirtschafts- und Friedensordnung errichten zu können. Nun ist nämlich die Frage zu stellen, wer ist ein Mensch? Was ist ein Mensch? Wer ist ein Mensch? Marx hat einmal gesagt, der Mensch wie er geht und steht, ist nicht der eigentliche Mensch, sondern er muss das richtige gesellschaftliche Bewusstsein haben und der richtigen Klasse angehören. Die Nazis sagten der richtigen Rasse. Die Nationalisten der richtigen Nation, die Fundamentalisten der richtigen Religion. Andere Fundamentalisten wieder sagen, er muss das richtige Geschlecht haben. Der Mensch, der darf ja auch keine Frau sein, dann ist er von vornherein ein Mensch zweiter Klasse: Die wohl am weitesten auf der Welt verbreitete negative Kategorisierung der Menschen ist, Frau zu sein. Es gibt keinen Bevölkerungsteil auf der Erde – die Hälfte der Menschheit sind Frauen – es gibt keinen Bevölkerungsteil, der mehr schikaniert, diskriminiert, entrechtet wird als die Frauen. Bei uns ist es ein bisschen besser geworden, aber es ist noch lange nicht so, wie es sein müsste. Bei gleichwertiger Arbeit kriegen die Frauen bei uns immer noch 20 Prozent weniger als die Männer. Und schauen Sie sich mal die konkrete Situation an in unseren Ehen und Familien: das Schicksal vieler Frauen. Aber es ist wenigstens besser geworden, das ist wahr. (Das war aber ein lauter Seufzer, dahinten.)

Aber weltweit ist es eine Katastrophe. Wir haben eine Milliarde Analphabeten, 80 Prozent davon sind Frauen, aber nicht deswegen weil die dümmer sind als die Männer, sondern weil sie von den Herrschaftsstrukturen, von Männern errichtet, systematisch von den Bildungssystemen fern gehalten werden. Wir haben 100 Millionen von Frauen, die sind beschnitten, an den Genitalien verstümmelt, mit Scheren, Rasiermessern die Klitoris abgeschnit-

ten, aus theologischen Gründen, aus Gründen von Stammes-
brauchtum. Jedes Jahr kommen vier Millionen dazu. Bei uns in
Deutschland sind es inzwischen 60.000. Es gibt deutsche Ärzte,
die sich gegen Euro an dieser Barbarei beteiligen. Das hat mit
Religionsfreiheit überhaupt nichts zu mehr tun. Es ist ein Verstoß
gegen Artikel 2 des Grundgesetzes und ist schwere Körperver-
letzung und muss von den Staatsanwaltschaften in Deutschland
von amtswegen verfolgt werden. Das geschieht aber nicht. Also,
wenn die Leute bis auf den heutigen Tag das Pech hatten, dass sie
zur falschen Kategorie gehörten, dann wurden sie liquidiert, ver-
gast, gesteinigt, zu Tode gefoltert oder sonst wie umgebracht. Das
heißt, die falschen Menschenbilder waren und sind die Ursachen
für die schlimmsten Verbrechen, die die Menschen begangen
haben. Deswegen ist unsere entscheidende politische Frage die
nach dem Menschenbild. Und dieses Menschenbild kann ja nur
lauten: Der Mensche wie er geht und steht, ist der eigentliche
Mensch, eben unabhängig davon, ob er Mann oder Frau ist – das
haben wir ja gerade mal kurz gestreift –, aber auch unabhängig
davon, ob jemand jung oder alt ist. Wir dürfen als Erwachsene
nicht so leben, dass die nach uns Kommenden ihr Glück nicht
mehr finden können, weil wir die Umwelt kaputt machen, was
wir ohnehin schon getan haben. Aber umgekehrt gilt das natürlich genauso. In England erhalten Leute, die älter sind als achtzig
Jahre, keine Bypass-Operation, kein künstliches Hüftgelenk, sie
werden vom Dialyseapparat abgeschaltet. Es sei denn, sie haben
genügend privates Geld, sie sind privat versichert, um das eben so
bezahlen zu können: Zwei-Klassen-Medizin.

Was ist bei uns los? Wir sind genau auf diesem Weg. Es gibt
eine neue Kategorie. Der Kapitalismus hat dafür gesorgt, dass wir
eine total ökonomisierte Gesellschaft haben in der Gesundheits-
politik, in der Bildungspolitik. Die neue negative Kategorie heißt
„Tanz um das goldene Kalb" – das ist das Thema: der Mensch als
Kostenfaktor. Der Mensch gilt bei uns umso weniger, je mehr er
kostet. Und er gilt umso mehr, je weniger er kostet. Davon sind
wir alle betroffen. Im Bildungswesen: Prekariatskinder kommen
nicht durch die Decke, unter der sie leben, wo sie eigentlich
durchstoßen müssten zu denjenigen, die da oberhalb der Decke
leben und alle Chancen haben. Weil sie arm sind, ihre Eltern arm

33

sind und ihnen nicht die Bildungsangebote bieten können wie Eltern, die mehr verdienen. Im Gesundheitswesen: Der Patient, der leidende Mensch. Der verwandelt sich in den offiziellen Dokumenten des Deutschen Bundestages, der Bundesregierung, aber auch der Diakonie und der Caritas in den Kunden. Als ob das Gesundheitswesen der Mediamarkt wäre oder ein Kartoffelmarkt. Der Arzt mutiert zum Fallpauschalen-Jongleur im Krankenhaus, der dreißig Prozent seiner Arbeitszeit darauf verwenden muss, um die richtige Fallpauschale zu finden für den Eingriff, den er gerade medizinisch vorgenommen hat. Aber die richtige Fallpauschale nicht in Hinsicht auf den Patienten oder ihn selber, sondern die richtige Fallpauschale für den Geschäftsführer oder die Geschäftsführerin, die aber außer Betriebswirtschaftslehre nichts, aber überhaupt nichts in ihrem Leben gelernt haben, aber glauben, sie seien in der Lage, ein Krankenhaus zu führen. Und mit Hilfe der Eigentümer, der kommunalen Finanzdezernenten und der Landespolitiker machen sie die Vorschriften, welche Apparate im Krankenhaus angeschafft werden dürfen und welche Medikamente und welche nicht. Es kommt natürlich sofort das Geldargument, das die Krankenhäuser zu an der Gewinnmaximierung orientierten Unternehmen gemacht hat. Das kann ja nicht richtig sein, weil der Mensch eben keine Kaffeemaschine ist und das Gesundheitswesen kein Markt für Autoersatzteile.

Ich antworte darauf: Das Geld ist da. Ich habe es vorhin bewiesen, will es nicht wiederholen. Wir müssen uns endlich darauf besinnen, zum Beispiel, wenn wir so hohe Schulden haben: Durch diese internationale Finanztransaktionssteuer könnten wir wenigstens einen Teil des Geldes wieder zurückholen, das die Spekulanten international verzockt haben. Das müssen wir wieder zurückholen, man muss sie daran beteiligen, dass wir unsere Aufgaben auch finanziell erfüllen können.

Der Mensch als Kostenfaktor. Warum ist denn Hartz IV falsch? Doch nicht deswegen, weil Sozial- und Arbeitslosenhilfe zusammen gelegt worden ist, das war schon richtig, fiskalisch war das richtig, aber es war philosophisch, human-philosophisch falsch. Der Opel-Arbeiter oder Nokia-Arbeiter, der dreißig, fünfunddreißig Jahre Beiträge, Steuern bezahlt und Kinder großgezogen hat, und der arbeitslos wird, seinen Job verliert, weil der Vorstand in

Detroit den Karren an die Wand gefahren hat. Oder die Angehörigen von Karstadt – wir können grad weitermachen – die arbeitslos geworden sind, die gut gearbeitet haben und die nicht verstehen können, warum sie plötzlich arbeitslos werden. Nokia hat schwarze Zahlen geschrieben, Opel könnte auch, wenn die in Detroit es zulassen würden. Die Leute werden arbeitslos, dann kriegen sie ein Jahr Arbeitslosengeld und danach werden sie nicht Arbeitslosengeld II Empfänger, denn Arbeitslosengeld II das ist eine Lüge, eine begriffliche Lüge, denn ALG II hat mit Arbeit überhaupt nichts mehr zu tun, sondern ist identisch mit der Sozialhilfe. Sie werden Fürsorgeempfänger. Die Arbeitslosenhilfe früher war immer gekoppelt an die Leistung, die die Menschen vorher erbracht hatten, betrug nämlich einen bestimmten Prozentsatz, 50 oder 52 Prozent des letzten Nettolohns, so wie das Arbeitslosengeld. Heute werden sie nach einem Jahr Fürsorgeempfänger und kriegen dann diese 359 Euro erst dann, wenn sie vorher fast alles versilbert haben. Das wird jetzt etwas geändert, Gott sei Dank, nach langen Jahren der Diskussion. Sie müssen also fast alles versilbern, was sie für sich und ihre Familie erarbeitet haben und sie werden enteignet, auch wenn sie gar keinen Job bekommen. Wissen Sie, was mit den Leuten passiert? Und jetzt sind wir wieder bei dem Thema der Menschenwürde. Diese Menschen werden in ihrer Menschenwürde tief verletzt. Hartz IV ist nichts anderes als die in Paragraphen gefasste staatliche Missachtung der Lebensleistung dieser Menschen.

Und was wir in Deutschland im Moment erleben mit dieser Sozialstaatsdebatte, ist deswegen wirklich niederträchtig, weil sich ja an der Problematik überhaupt nichts verändert hat in den letzten vier, fünf Wochen. Es hat sich nur verändert, dass die Liberalen von fünfzehn Prozent bei der letzten Bundestagswahl in der Demoskopie abgesackt sind auf acht Prozent. Das hat sich verändert. Und deswegen wird jetzt hier eine Kampagne gestar tet mit spätrömischen Dekadenzerscheinungen in der Wohlstandsgesellschaft und mit dem Satz: Wer arbeitet, soll mehr verdienen als derjenige, der nicht arbeitet. Das ist ja absolut richtig, aber derjenige, der nicht arbeitet, kann nicht arbeiten, weil er den Job verloren hat und keinen neuen Job findet.

Auch in der CDU gibt es ständig diese Diskussionen. Das ist ja auch gar nicht falsch, denn diese Lohnabstandsgeschichte ist ein echtes Problem. Aber ich finde, gerade die Politik müsste sich zurückhalten. Die FDP, aber vor allem die Sozialdemokraten müssen sich zurückhalten, die Grünen auch vor allem. Denn in der Rot-Grünen-Koalition ist ja gerade durch die Agenda 2010 die Schleuse geöffnet worden nach unten, sodass heute 25 Prozent der Erwerbstätigen in sogenannten Minijobs arbeiten, in geringfügigen Beschäftigungsverhältnissen, Vollzeit arbeiten, aber einen Lohn bekommen, von dem sie gar nicht leben können und der unter den Regelsätzen von Hartz IV liegt. Und wenn man laut Bundesverfassungsgericht diesen Regelsatz nicht mehr absenken kann, jedenfalls nicht wesentlich, dann bleibt doch, wenn ich eine solche Forderung stelle, logischerweise nichts anderes übrig, wenn ich nicht einfach Larifari reden will, als die Forderung zu erheben, die Löhne zu erhöhen.

Nicht Hartz IV ist zu hoch, sondern in weiten Teilen sind unsere Löhne zu niedrig. Und leider Gottes gibt es immer mehr Arbeitgeber, die absichtlich ihren Leuten drei Euro fünfzig, vier Euro bezahlen oder noch weniger und dann zu den Leuten sagen: Den Rest, den holt ihr euch beim Arbeitsamt, bei der Jobagentur. Ihr lasst euch das vom Steuerzahler bezahlen. Das heißt, wir sollen auch noch diese Arbeitsverhältnisse als Steuerzahler subventionieren, obwohl der Arbeitgeber durchaus höhere Löhne bezahlen könnte. Das ist ein Skandal.

Nun weiß ich auch, dass es Betriebe gibt, die können, auch wenn sie guten Willens sind, keine höheren Löhne bezahlen. Das ist richtig, und dann muss man diese Löhne subventionieren. Aber dann muss man die Sache so diskutieren. Und ich habe immer Wert darauf gelegt, dass auch bei uns so diskutiert worden ist. Das muss man erörtern, das ist ein echtes Problem. Aber das nehme ich für mich in Anspruch: Bei allen Diskussionen, die hier geführt werden müssen wegen des Lohnabstandsgebotes, wir sind nie auf den Leuten herum getrampelt. Ich darf nicht, wenn ein solches Problem da ist, auf den Wehrlosesten und Hilflosesten, und das sind die Arbeitslosen in dieser Gesellschaft, auch noch herumtrampeln und sie demütigen. Sie haben ein Schicksal, das schwer genug ist, finde ich.

Tanz um das goldene Kalb – das ist das, was wir im Moment erleben. Und wir müssen uns darüber im Klaren sein als ethische Grundlage, wir sind Sozialwesen. Und dann kann man ja auch mal rekurrieren auf einen Begriff, der zur Grundlage unserer Zivilisation geworden ist: der Nächstenliebe. Heute sagt man Solidarität. Bleiben wir mal bei der Nächstenliebe, die ja lächerlich gemacht wird. Leitartikel in der F.A.Z.: Was soll das, Nächstenliebe in der modernen globalen Welt? Rauf und runter, gibt es ja gar nicht mehr, nicht realisierbar. Dem Erfinder der Nächstenliebe haben sie vor 2.000 Jahren ähnliche Schwierigkeiten gemacht. Bei den alten Juden gab es ja auch die Nächstenliebe, aber da war der Nächste klar definiert, das war der Volksgenosse. Da kamen ja die Pharisäer zusammen und haben gesagt: Meint der denn mit der Nächstenliebe dasselbe wie wir oder meint er möglicherweise etwas völlig anderes. Und da haben sie bekanntlich einen zu ihm geschickt – Sie wissen das alle, steht ja in der Bibel –, einen Pharisäer, und der hat Jesus dann die F.A.Z.-Frage gestellt: Sag mal Rabbi, wer ist denn der Nächste? Und dann hat Jesus bekanntlicherweise nicht direkt geantwortet, sondern er hat eine Geschichte erzählt, die weltberühmte Geschichte, die die Grundlage unserer Zivilisation geworden ist: die Geschichte aus dem Wadi el-Kelt, der Aduminsteige, der Blutsteige, die herabzieht von Jerusalem nach Jericho, die Geschichte von dem Juden, der in dieser Schlucht überfallen, blutig geschlagen und ausgeraubt wird. Und da kommt der jüdische Priester vom Tempel herunter und läuft vorbei, lässt ihn liegen. Dann kommt der Levit, wir würden heute sagen der Organist, läuft auch vorbei. Und jetzt kommt – und das ist die eigentliche Provokation, der Sinn dieser Geschichte – der Mann aus Samaria, der Renegat, der Apostat, der Abweichler. Denn die in Samaria ließen nur die fünf Bücher Moses gelten, die anderen Propheten waren Makulatur, und sie waren infolgedessen in den Augen der rechtgläubigen Juden schlimmer als die Heiden. Da sagt Jesus: Ausgerechnet der, der versorgt den Überfallenen medizinisch, bringt ihn ins nächste Hotel und gibt dem Wirt sogar Geld, damit er für ihn sorgt. Und jetzt erst stellt er die Gegenfrage an den Pharisäer, eine unglaublich gute Frage, die Schlüsselfrage auch für uns. Wir denken ja immer, der Nächste sei der Überfallene, der Verletzte, der sei der

Nächste. Aber Jesus fragt den Pharisäer etwas ganz anderes, er fragt ihn: Wer von den dreien war der Nächste für den Überfallenen? Da musste der Pharisäer logo sagen, der Mann aus Samaria, der ihm geholfen hat. Was heißt das? Ich, Sie, wir alle miteinander, wir sind die Nächsten für die Menschen, die in Not sind. Ich muss nicht die ganze Welt lieben von Kamtschatka bis zum Südpol, möglichst viele, damit es möglichst unverbindlich wird. Ich muss auch nicht den Silvio Berlusconi lieben. Mir wird schlecht bei dem Gedanken, ich müsste ohne Ausnahme alle meine Kolleginnen und Kollegen in der Bundestagsfraktion lieben. Muss ich alles nicht. Aber ich muss etwas anderes: Ich habe die Pflicht, denen zu helfen, die in Not sind.

Nächstenliebe ist nicht Gutmenschentum, ist nicht platonische Idylle, ist nicht Gefühlsduselei, was immer gesagt wird, sondern Pflicht, schwere Pflicht, knallharte Pflicht von uns allen. Denen zu helfen, die in Not sind, das kann unter Umständen auch der Feind sein. Plötzlich bekommt auch die Feindesliebe einen ganz anderen Hintergrund. Wer nicht in Not ist, dem müssen wir auch nicht helfen. Das ist der Raum für die Eigenverantwortung, für die Selbstinitiative. Was wir seit zweitausend Jahren wissen, ist die Grundlage für jede vernünftige Gestaltung des Sozialstaates. Nur etwas geht nicht, dass wir den Leuten sagen, und es wird ja gerade wieder von der Finanzindustrie gepredigt und ihren Adepten in der Politik und in der Wissenschaft, vor allem jungen Leuten gegenüber: „Jeder sorgt für sich selber", am besten dadurch, dass er einen Kapitalstock bildet. Es wird aber keine Antwort gegeben auf die Frage, was machen eigentlich diejenigen, die einen Kapitalstock gar nicht bilden können, die Lidl-Verkäuferin, der Busfahrer, die Arzthelferin, was machen die eigentlich? Millionen von Menschen, und was machen diejenigen, bei denen der Kapitalstock pleite gegangen ist?

Millionen von Amerikanern haben ihren Versicherungsschutz verloren, weil ihre Pensionskassen, ihre privaten Pensionskassen falsch spekuliert haben, mit Enron-Aktien, mit Lehman Brother-Aktien, mit Goldman Sachs-Aktien. Ihren Anspruch auf Alterssicherung haben Millionen von Amerikanern dadurch verloren. Und uns wollen die Neoliberalen weis machen, man könne ein ganzes Volk zur Absicherung des Altersrisikos auf den Kapitalmarkt verfrachten, das Umlageverfahren umstellen auf ein Kapitaldeckungsverfahren – was für ein ökonomischer Unsinn. Wenn wir unsere Rentenversicherung umstellen wollten auf das Kapitaldeckungsverfahren, bräuchten wir einen Kapitalstock von sieben Billionen Euro. Unvorstellbar! Das ganze Geldvermögen in Deutschland liegt bei fünf Billionen. Nein, wir sind auch in Zukunft auf die Solidarität angewiesen. Und wenn man diesen Grundsatz verlässt, und stattdessen sagt, jeder sorgt für sich selber, dann läuft die Sache wie in Amerika, wo sich ja ab und zu der Vorhang öffnet. Man hat ja bei der Katastrophe in New Orleans, bei dieser Sturmflut, wo man plötzlich hinter die Kulissen schauen konnte, gesehen, was Armut, millionenfache Armut in den Vereinigten Staaten bedeutet. Hunderttausende von Menschen kommen immer mehr in prekäre Verhältnisse. Sie haben dreifache Jobs, müssen sechzehn Stunden arbeiten, um überhaupt über die Runden zu kommen, Millionen von Amerikanern. Wir sind genau auf diesem Weg.

Auch bei uns gibt es schon sieben Millionen geringfügige Beschäftigungsverhältnisse. Kinder verkommen dann vor dem Fernseher, die Ehen gehen kaputt, die Familien lösen sich auf.

25 Prozent der Amerikaner sind Analphabeten, schätzt das amerikanische Erziehungsministerium. Und sechs Millionen Amerikaner sitzen im Gefängnis, rechtskräftig verurteilt. Auf hunderttausend Einwohner kommen zwölf Kapitalverbrechen. Der amerikanische Soziologe Fridman hat einmal hochgerechnet vom Jahr 1990 bis 2040, wenn das so weitergeht, also in 30 Jahren wäre das dann, sitzt die Hälfte der Amerikaner im Gefängnis und wird von der anderen Hälfte bewacht. Das ist bestimmt eine zugespitzte Prognose, aber das sind die Folgen einer entsolidarisierten Gesellschaft. Und das Drama, das sich in Amerika abspielt, das können wir ja jeden Tag in der Zeitung sehen, den Kampf des amerikanischen Präsidenten, wenigstens für dreißig, vierzig Millionen Amerikaner, die überhaupt keine Krankenversicherung haben, einen minimalen Krankenversicherungsschutz zu schaffen.

Das sind die beiden wichtigsten Elemente, die ethischen Fundamente für eine Neuordnung der Weltwirtschaft: die Anerkennung der Menschenwürde für alle ohne Ausgrenzung, ein langer Weg, aber das Ziel muss klar sein. Und die Solidarität im Sinne dieser Botschaft aus dem Wadi el-Kelt zwischen den Menschen. Und dass wir die Regeln errichten, die in einer modernen Finanzwelt einfach notwenig sind, damit die humane Gestaltung auch politisch realisiert werden kann: die Reform der internationalen Finanzindustrie, Schließung der Offshore-Centers, dieser Steueroasen, Einführung einer Finanzkapitaltransaktionssteuer, ein TÜV für Finanzprodukte (Neue Finanzprodukte müssen vom Staat genehmigt werden, bevor sie auf den Markt kommen), eine Verstärkung der internationalen Bankenaufsicht, die Rating-Agenturen müssen verstaatlicht werden. Ein Hauptgrund, warum es schief gelaufen ist, weil die privatisierten Rating-Agenturen ständig falsche Voten abgegeben haben, um nur einige wenige Kriterien zu nennen.

Wir wissen genau, was man machen muss. Dabei habe ich den ökologischen Bereich noch gar nicht angesprochen, der ja mindestens genau so wichtig ist: die Energiepolitik und die Umweltpolitik. Aber auch in der Finanzpolitik, die Kriterien sind da für eine neue Weltwirtschaftsordnung. Die Übereinstimmung ist vorhanden bei den G20-Staaten. Und jetzt kommt es darauf an, dass die europäischen Staaten – und ich würde auch sagen unter der Führung der Bundesregierung, meinetwegen zusammen mit Frankreich, auch der britische Premierminister hat diesen Beschlüssen zugestimmt –, dass wir international den Druck ausüben, den die westlichen Industrieländer ausüben können, auch China gegenüber, um diese internationalen Finanzstrukturen durchzusetzen. Da darf man sich nicht entmutigen lassen.

Die Soziale Marktwirtschaft ist vor sechzig Jahren im Zonenwirtschaftsrat mit einer Stimme Mehrheit verabschiedet worden. Das ist fast schief gegangen, aber sie haben gewonnen. Und jedermann kann sich ausrechnen, was passiert wäre, wenn das andersherum gelaufen wäre in Westdeutschland und damit letztendlich auch hier bei uns in den neuen Ländern. Aber die Voraussetzung dafür war, dass die Menschen damals ein Konzept hatten und das sie mutig genug waren, für dieses Konzept einzutreten, zu kämpfen, andere davon zu überzeugen und dadurch Mehrheiten zu schaffen. Das ist heute nicht anders, nur vollzieht sich dies im globalen Rahmen. Das ist bestimmt schwierig, es ist schwer, aber wir haben keine Alternative. Entweder die Welt explodiert, denn so kann es nicht weiter gehen. Die jetzige Wirtschaftsordnung ist nicht konsensfähig, auch nicht in Deutschland. Oder wir schaffen eine neue Welt, eine neue Weltwirtschaftsordnung, Weltfriedensordnung, erarbeiten das Konzept. Die Grundlagen sind vorhanden. Und strengen uns an in der Politik, in der Wirtschaft, dieses Konzept auch durchzusetzen. Dies ist möglich, genauso wie es möglich gewesen ist, vor 60 Jahren die Soziale Marktwirtschaft zu realisieren und genauso wie es möglich war, auch ideell die deutsche Einheit zu erreichen, auch wenn man jetzt einiges aufholen muss, was am Anfang falsch gemacht worden ist. Aber wenn man die Weltgeschichte betrachtet dann ist es letztendlich auch eine Erfolgsstory gewesen. Der Kommunismus ist im Wesentlichen besiegt, der Nationalsozialismus auch. Der Nationalismus flackert hier und da noch auf, aber er spielt keine entscheidende Rolle mehr. Wir haben neue Probleme, die ökologische Frage, und wir haben ein neues System negativer Art, den Kapitalismus. Und ich bin fest davon überzeugt, wenn wir genauso mit dem Mut und den Konzepten, mit Gedankenreichtum und mit dem ethischen Fundament in der Zukunft daran gehen, auch diese negativen Erscheinungen zu beseitigen, dass wir dann für unsere Familien und unsere Kinder eine gute Zukunft sichern können.

Vielen Dank!

41

Laudatio auf Wolfgang Engler

Stephan Märki

Dass Sie, Herr Prof. Engler, heute zu Gast in dieser Reihe sind, freut mich besonders, denn – wenn Sie dieses Bild erlauben – Sie bilden gewissermaßen eine inhaltliche Schnittstelle zwischen dem Deutschen Nationaltheater und den Weimarer Reden:

Wolfgang Engler studierte Philosophie, forschte anschließend an der Berliner Akademie der Wissenschaften, wurde in Soziologie promoviert und habilitiert und ist bereits seit den 1980er Jahren der Hochschule ‚Ernst Busch' in Berlin verbunden. Seit 2005 sind Sie Rektor dieser Schauspielschule, aus der ein großer Teil unserer Talente ihren Weg ans DNT gefunden hat und immer wieder findet. Zum einen sind Sie also ein Repräsentant der Schauspielkunst und schon deshalb in einem Theater und bei uns hervorragend aufgehoben.

Zum anderen sind Sie als Soziologe eine wichtige Stimme in den Diskussionen um die Bedingungen der sozialen Welten im Allgemeinen und ihrer Wandlungen im Kapitalismus im Besonderen. Ein Thema, das auch im DNT kontinuierlicher Gegenstand der Auseinandersetzung ist.

Diese beiden Seiten ihrer Arbeit finden in den Weimarer Reden hervorragend zusammen und machen Ihren heutigen Vortrag zu einem doppelten Gewinn – zu einer ‚win-win-situation'.

Wolfgang Englers Publikationen sind preisgekrönt – im Jahr 2002 erhielt er den Preis „für hervorragende Leistungen auf dem Gebiet der öffentlichen Wirksamkeit der Soziologie". Er beschäftigt sich nicht nur mit den unterschiedlichen Lebensformen zwischen Ost und West; dafür exemplarisch kann sein Buch „Die Ostdeutschen als Avantgarde" stehen. Daraus spricht eine hohe Sensibilität insbesondere für den sozialen Wandel von Arbeit und möglichen politischen Konsequenzen.

„Frisst der Kapitalismus seine Kinder?", fragt nun passend die laufende Themenreihe; wenn ich den Titel Ihres Vortrags betrachte – „So oder so." Alternativen im Kapitalismus" – hoffe ich, nicht falsch zu liegen, wenn ich vermute, dass Wolfgang Englers Antwort auf diese Frage ambivalent ausfiele. – Falls ich allerdings doch falsch liegen sollte, wird der Vortrag nur noch interessanter; denn nach meiner Vermutung liegt die Ambivalenz der Antwort nicht im Sinne der Unentschlossenheit, sondern im Sinne eines ‚Wenn, dann' oder besser im Sinne eines ‚Wenn nicht, dann'.

WENN also – so verstehe ich Ihr aktuelles Buch – „die Lüge als Prinzip" zur ausschließlichen Handlungsstrategie des Kapitalismus gemacht wird, DANN könnten die Chancen der Kinder, vom Kapitalismus gefressen zu werden, durchaus hoch sein. Das heißt, es könnten nicht nur bei weitem mehr Kinder gefressen werden, sondern alle Kinder, und damit fräße der Kapitalismus sich selbst, ohne eine Alternative.

WENN dagegen das Bewusstsein für seine Schwachstellen geschärft wird, WENN dieses Bewusstsein nicht nur gerne und kritisch beschworen, sondern auch tatkräftig mit Veränderungskraft umgesetzt wird, WENN Mittel angewandt werden, die selbstzerstörerischen Kräfte des Kapitalismus produktiv und (sozial) kontrolliert zu wenden – und WENN dadurch Wege gefunden werden, wieder ein egalitäres soziales Verhältnis und egalitäre(re) soziale Verhältnisse herzustellen, DANN – so vermute ich weiterhin Wolfgang Englers Antwort – gibt es durchaus Chancen für uns (und unsere) Kinder, nicht vom Kapitalismus gefressen zu werden.

Dass diese Probleme viel mit Arbeit zu tun haben, liegt auf der Hand und ist nicht nur aus Wolfgang Englers Arbeits- und Interessensfeldern ablesbar.

Seine Beschäftigung mit den Veränderungen von Arbeit und ihrer Gestaltbarkeit legt aber auch einen assoziativen Gedanken nahe; nämlich, ob ihre Lösungen oder Lösungsgedanken etwas mit Kunst und Theater zu tun haben?

Zumindest stehen wir hier in Räumen der Theaterkunst, die im Allgemeinen als Gegenteil von (‚normaler' Erwerbs-) Arbeit charakterisiert wird – zumindest entsprechend dem großartig unentscheidbaren Bonmot von Flaubert, nach dem das, was

Künstler tun, nun wirklich nicht ‚Arbeiten' genannt werden könne.

Ich will Ihrem Vortrag, lieber Herr Engler, nicht vorgreifen, aber zumindest auf eine Weise haben Kunst und Arbeit heute etwas miteinander zu tun: Das Theater ermöglicht ein Reden, Zuhören und Nachdenken über „Alternativen im Kapitalismus".

Wie das möglicherweise zusammenhängt, können wir nun hören – in einem vielleicht nicht gleich theatral dargebotenen, sicherlich aber kunstvollen, inspirierenden und kontroversen Vortrag.

So oder so. Alternativen im Kapitalismus[1]

Wolfgang Engler

Meine ursprüngliche Absicht bestand darin, auf einige Stichworte gestützt zu freier Rede anzuheben und zuzusehen, wohin der Gedanke mich führt. Indes wünschten sich die Veranstalter ein Manuskript, um dem einen oder anderen Gelegenheit zu geben, das Gehörte noch einmal nachzulesen. Das leuchtete mir ein und so schrieb ich einen Text. Da er nun einmal vorliegt, erschien es mir unpraktisch, ihn einfach außer Acht zu lassen und munter loszulegen. Der sprachlich durchgeformte Gedanke ist notwendigerweise präziser, treffender, als das eine mündliche Wortmeldung in aller Regel vermag.

Demgemäß habe ich mich dazu entschlossen, Ihnen zunächst diesen Text in hoffentlich nicht allzu trockener Manier zu Gehör zu bringen. Im Anschluss möchte ich meine Ausgangsidee aufgreifen und offenen Blicks zu Ihnen sprechen. Die Intention besteht darin, die Grundgedanken meines Vortrags näher an die uns umgebende Wirklichkeit heranzurücken, gleichsam im „Handgemenge" zu argumentieren.

Ich bitte Sie also um etwas Geduld.

Sollten Sie anfänglich den Eindruck gewinnen: das ist doch zu verkürzt, da fehlt doch ein Gedankenschritt!, mögen Sie durchaus Recht haben. Solche inneren Einwände aufzulösen, soweit ich sie zu ahnen vermag, will ich mich im zweiten Teil bemühen.

Und jetzt fange ich an.

Ich komme allerdings nicht sogleich zur Sache, sondern verharre zuvor beim Titel meiner Rede.

---

[1] Der nachstehende Text folgt im Grundriss meiner Weimarer Rede. Im ersten Teil stützte ich mich auf ein ausgearbeitetes Material, das hier mit geringfügigen Änderungen wiedergegeben ist. Teil 2 bestritt ich mit einer knappen Redeskizze. Ich habe sie für diese Publikation aus der Erinnerung komplettiert, wobei ich bemüht war, den Ton eines mündlichen Vortrags hier und da wenigstens anklingen zu lassen.

So oder So – betonungslos gesprochen klingt das wie „Sowieso" oder „Eh' alles gleich". Aus Gleichgültigkeit erwächst aber keine Alternative. Und darum muss es heißen: So oder So! mit der Betonung auf den beiden „So".

Alternativen im Kapitalismus – auch das verträgt eine Erläuterung, weil sich der Titelanhang nur scheinbar vor selbst versteht. Den Kapitalismus gedanklich hinter uns zu lassen, Alternativen *zum* Kapitalismus zu formulieren – dazu fehlt es in den Metropolen dieser Gesellschaftsform offensichtlich (sollte ich sagen: glücklicherweise?) an jener Not, die erfinderisch macht. Alternative Entwicklungspfade *im* Kapitalismus aufzuspüren, so ausschweifend, so fordernd sollte das Denken vor dem Hintergrund der gegenwärtigen Weltwirtschaftskrise allemal sein.

In anderen Gegenden unseres Planeten, ich denke insbesondere an Latein-, an Südamerika, hat sich der Kapitalismus seit Generationen dermaßen blamiert, dass sein scheinbar ausrangierter Widerpart, der Sozialismus, neuerlich auf der Szene erscheint; Grund genug, dem vermeintlichen „Sieger der Geschichte" auch in Europa, auch in Deutschland den Pelz zumindest nass zu machen.

Und nun zum Vortrag.

I. Abgesang der Utopie?

1.

Passend zum Ausbruch der ersten globalen Krise des modernen Kapitalismus, der Großen Depression, verfasste Bertolt Brecht sein Drama „Die heilige Johanna der Schlachthöfe"; derzeit wird es (warum wohl?) wieder häufiger gespielt. Mit dem Grundkonflikt, den das Stück exponierte, wissen die aktuellen Inszenierungen freilich wenig anzufangen.

Brecht führte seine Protagonistin, Johanna, anfangs als negative Heldin auf. Sie sieht das Elend der Armen und meint, ihm

durch moralische Appelle beizukommen, durch Appelle, die sie
an Proleten und Bosse gleichermaßen richtet.

An erstere gewandt klingt das auszugsweise so:

Ich will es euch sagen: nicht, weil ihr nicht mit irdischen Gütern
gesegnet seid – das kann nicht jeder sein –, sondern weil ihr keinen
Sinn für das Höhere habt. Darum seid ihr arm ...
Vielleicht braucht man auf Erden einen Stehkragen, damit man
weiterkommt, aber vor Gott muß man noch viel mehr um haben,
einen ganz anderen Glanz, aber da habt ihr nicht einmal einen
Gummikragen um, weil ihr eben euren ganzen inneren Menschen
vollständig vernachlässigt habt.

Auf die nämliche Weise knöpft sich Johanna den Mauler vor, den
Boss der Bosse auf den Chicagoer Schlachthöfen, nimmt ihn ins
Gebet seiner irdischen Pflichten – Jobs und ordentliche Löhne für
das Arbeitsvolk – und richtet doch nichts aus.

Später, nach dem *Gang in die Tiefe*, begreift sie: das war der
falsche Ansatz, und reift dank dieser Erkenntnis zur positiven
Heldin:

Die aber unten sind, werden unten gehalten
Damit die oben sind, oben bleiben.
Und der Oberen Niedertracht ist ohne Maß
Und auch wenn sie besser werden, so hülfe es
Doch nichts, denn ohnegleichen ist
Das System, das sie gemacht haben:
Ausbeutung und Unordnung, tierisch und also
Unverständlich.

Schließlich, vor Hunger und Kälte bereits entkräftet und dem
Tode nahe, zieht sie das Fazit ihrer Ankunft in der Wirklichkeit:

Es hilft nur Gewalt, wo Gewalt herrscht, und
Es helfen nur Menschen, wo Menschen sind.

Lernprozesse mit tödlichem Ausgang.

49

2.

Statt die anderen zu läutern, die Armen wie die Reichen, läutert die Leitfigur sich selbst, im Denken, und zwar in einem Dreierschritt.

These: Um die Welt besser, menschlicher gestalten zu können, müssen sich zuvor die einzelnen verändern, bessern;

Antithese: Die Veränderug der einzelnen scheitert am Ganzen, am System, das wahre Menschlichkeit verhindert, unterdrückt, oben und unten;

Schluss: Das Ganze muss mit Gewalt zerbrochen werden, ergo: Ehe die einzelnen sich wirklich ändern, bessern können, muss die soziale Welt verändert werden, auf revolutionäre Art und Weise.

Die durch den Dreierschritt bezeichneten Alternativen breitete Brecht vor seinem Publikum im Jahr 1930 aus, wobei er für die Eingeweihten unter seinen Lesern/Zuschauern ebenso erkennbar wie polemisch gegen Friedrich Schiller anschrieb.

Als Zeitgenosse der Französischen Revolution nahm dieser deren Gewaltexzesse zum Anlass einer großen Abrechnung. Die Welt mit Menschen verändern zu wollen, deren Charakter und deren Sinne dafür nicht geschult sind – das führt in ein Fiasko. Erst Selbstveränderung, *Kultivierung der Gesinnungen und Gesittungen* mittels Kunst, Theater, schöpferischem Spiel, dann Weltveränderung: *Alle Verbesserung im Politischen soll von Veredelung des Charakters ausgehen* – so lautete sein Programm der „Ästhetische(n) Erziehung des Menschen" (1793/94) auf einen Kernsatz reduziert.

(Dieses durch und durch antirevolutionäre Credo stopft Brecht dem Schurken Mauler in den Mund:

Mit Ochsen hab ich Mitleid, der Mensch ist schlecht.
Die Menschen sind für deinen Plan nicht reif.
Erst muß, bevor die Welt sich ändern kann
Der Mensch sich ändern.
Noch einen Augenblick!

So, mit geübter Schillerzunge, fertigt Pierpont Mauler die Johanna ab und sonnt sich in seiner Ohnmacht, das Elend der Arbeiter als seine Verantwortung zu begreifen. Ehe nicht der Letzte sein Wesen kultiviert hat, könnten weder gute Worte noch gute Taten den Lauf der Dinge wenden; philanthropisches Wortgeklingel als Schutzschirm gegen *den* Regen, der von unten nach oben fließt.)

3.

In seiner Inszenierung des Stückes, das kürzlich in Berlin zu sehen war, ließ Philipp Stemann zuletzt Johanna wieder von den Toten auferstehen. Sie gehöre gar nicht zu den Elenden, bekennt sie unverwandt, und als eine Arbeiterin in ihrem Rücken von der Polizei erschossen wird, spitzt sie die Lippen und haucht ein ratloses „Huch" in den Zuschauerraum.

Da haben wir die ganze Differenz unserer Zeit zu Brecht und dessen Ära: Die revolutionäre Perspektive ist flöten gegangen; ein Kollektivsubjekt, willens und fähig, die Welt umzukrempeln, ist nirgends auszumachen.

Wer, jene ausdrücklich angesprochen, die unsere Welt für ungerecht und also für veränderungsbedürftig halten, glaubt ernsthaft an den Aufstand der Arbeiterschaft als Lösung des Problems? Wir mögen das Ganze für das Falsche ansehen, den Fehler im System lokalisieren – die Misere durch entschlossene Aktionen der Massen zu beenden, hier bei uns, demnächst: Wie bitte? Selbst eine friedliche Umwälzung der Verhältnisse nach dem Muster der Volkserhebungen in Ost-Mitteleuropa der Jahre 1989/90 zieht augenscheinlich nicht herauf.

Die zweite globale Finanz- und Wirtschaftskrise, deren Zeitzeugen wir waren und noch sind, produziert keine revolutionäre Situation, nicht einmal ein Aufbegehren zahlenmäßig relevanter Minderheiten. Das spricht für die Reparaturfähigkeit des „Systems", für die Cleverness seiner Eliten.

Zugleich spricht die Krise, in die dieses System gestürzt ist, eindeutig für und nicht gegen Veränderung, und wollen wir die

nicht den Krisenverursachern überlassen, so müssen wir nach
Alternativen Ausschau halten, die unterhalb der revolutionären
Schwelle angesiedelt sind, ohne deshalb in halbherzige Reformen
oder in Systemkosmetik auszulaufen.
Statt Alternativen *zum* Kapitalismus stehen Alternativen *im*
Kapitalismus auf der Tagesordnung.

4.

Radikale, erst recht militante Gemüter werden diese Proble-
matisierung unserer Situation als schal empfinden, als kompro-
misslerisch, als Ausdruck allzu zahmen Denkens.
Für sie ist der Kapitalismus der Schurke der Weltgeschichte
und als solcher unbelehrbar. Alles oder nichts – entweder
Zertrümmerung des falschen Ganzen oder Kriechgang heißt die
Devise dieser „handfesten" Kritik.

Hier überstürzt sich der Gedanke, wie ein geraffter Blick auf die
Geschichte des Kapitalismus demonstriert.
Als dieser selbst noch eine Utopie war, im ersten Drittel des
neunzehnten Jahrhunderts, erschien der Eigennutz, ja selbst
der schrankenlose Egoismus als Königsweg einer sozial befriede-
ten Menschheit. Die Entfesselung der Marktkräfte versprach auf
längere Sicht wenn nicht Reichtum, so doch Wohlergehen auch
für jene, die den Reichtum erwirtschafteten.
Es kam anders. Statt sich Schritt für Schritt zu schließen, wei-
tete sich die soziale Kluft; krasse, unversöhnliche Gegensätze
beherrschten die soziale Szene und das Elend der Proletarier war
namenlos. Die vom rohen Kapitalismus beherrschten Gesellschaften drifteten dem Abgrund entgegen und die einzig noch zu
beantwortende Frage lautete, wer wen überwältigen, niederrin-
gen und massakrieren würde.
Gemessen an dieser Ausgangslage kann die Folgege-
schichte des Kapitalismus in unserem Teil der Welt schwer-
lich anders denn als Geschichte seiner Zivilisierung be-
schrieben werden.

5.

Es waren heftige, zum Teil erbittert geführte soziale Kämpfe im Verein mit dadurch periodisch ausgelösten Lernprozessen, die diese Wende bewirkten.

Im Ergebnis milderten sich die sozialen Kontraste, streifte die Lohnarbeit ihren nackten, proletarischen Charakter ab, um nach und nach einer „bürgerlichen Form der Lohnabhängigkeit" zu weichen. Die Masse der Arbeiter und Angestellten partizipierte am wirtschaftlichen Fortschritt in Form unterproportionaler, aber gleichwohl realer Einkommensgewinne. Dazu gesellte sich im letzten Drittel des neunzehnten Jahrhunderts eine gänzlich neue Form des Eigentums – das Sozialeigentum[2]. Großkollektive Solidarsysteme versicherten die arbeitende Mehrheit gegen die schicksalblinde Macht der Umstände, trafen Vorsorge für den Krankheitsfall, das Alter, gegen Arbeitsunfälle und später gegen Arbeitslosigkeit.

Zwar an Erwerbsarbeit gebunden, ragten diese Solidarsysteme in ihrer Wirkung über den unmittelbaren Arbeitsvollzug hinaus und ließen den Menschen hinter dem Arbeit leistenden Individuum zumindest etwas Atem schöpfen. Die brachiale Wirtschaftsgesellschaft aus der Frühzeit des neuzeitlichen Kapitalismus mauserte sich zu einer Gesellschaft mit vorherrschend kapitalistischer Produktionsweise. Die Menschen, speziell die am unteren Ende der sozialen Rangordnung, lebten nach wie vor *mit* dem Kapitalismus, aber nicht einfach und umstandslos *im* Kapitalismus.

Die Zivilisierung der Verkehrsverhältnisse hob in der Werkstatt an und zog dann immer weitere Kreise. Der durchschnittliche Lohnarbeiter unserer Tage teilt mit seinem unglücklichen Vorläufer aus den Kindertagen der „großen Industrie" wenig mehr als den sozialen Gattungsnamen.

---

2 Hierzu ausführlich: Castel, R., Die Metamorphosen der sozialen Frage. Eine Chronik der Lohnarbeit, Konstanz 2008.

6.

Dass die sozialen Unterschiede zwischen diesen beiden Lohnarbeitertypen derzeit weniger markant ins Auge fallen als noch vor wenigen Jahrzehnten führt uns zurück auf den Ausgangspunkt dieser Betrachtung, auf die soziale Grundfrage unserer Epoche: Fortsetzung oder Rücknahme der Zivilisierung kapitalistischer Reichtumsproduktion: So oder So.

Die Indizien für eine Dezivilisierung der Arbeits- und Lebensverhältnisse der abhängig Beschäftigten sind unübersehbar, bedauerlicherweise, und der soziale Status der Arbeitslosen sinkt rapide. Dem Menschen ohne reguläre Arbeit ist alles zuzumuten – elende Jobs, Hungerlöhne, eingeschränkte Freizügigkeit, Entblößung seiner privaten Lebensumstände: Jede Arbeit ist besser als keine Arbeit! Allzeit bereit, verfügbar, rückt er, der Not gehorchend und gemeinsam mit den prekär Beschäftigten dem Normalarbeitsverhältnis zu Leibe.

Die Herren der Arbeit applaudieren der politischen Zwangsbewirtschaftung des arbeitslosen Lebens und freuen sich der wachsenden allgemeinen Verunsicherung. Sämtliche politischen Parteien, die Deutschland seit den frühen 1980er Jahren regierten, arbeiteten mal zaghafter, mal zupackender am Projekt des Rückbaus zivilisatorischer Errungenschaften.

Ich erspare Ihnen und mir eine detaillierte Auflistung all dieser „schmerzlichen Reformen".

7.

Mein vorrangiges Interesse gilt der Umkehr dieser unerfreulichen Entwicklung, der Frage, ob das Kapitalverhältnis, statt der Gesamtgesellschaft seinen Willen zu diktieren, zu neuerlichem und sogar weitergehendem gesellschaftlichem Gehorsam verpflichtet werden kann.

Was wäre der nächste Schritt in dem langfristigen Bestreben, die rechtlich verbürgten Freiheiten, die Lebens- und Entfaltungsmöglichkeiten der Mehrheit, jedes einzelnen, zu stärken, auszubauen? In Bezug auf die Richtung, in die wir dabei denken müssen, gibt T. H. Marshalls bahnbrechende Arbeit CLASS, CITIZENSHIP, AND SOZIAL DEVELOPMENT (1964) mehr als nur einen Fingerzeig.

Marshall zufolge vollzog sich die soziale Emanzipation des „Volkes" in Form dreier großer Freiheitsbewegungen. Am Anfang stand der Kampf um Meinungsfreiheit und Gleichheit vor dem Gesetz, ein Kampf, der zur Eroberung von im engeren Sinne juristischen Rechten führte. Die zweite Runde des Streits betraf das Recht, sich zusammenzuschließen sowie das allgemeine, freie und geheime Wahlrecht und mündete in die Gewährung politischer Freiheiten. Den vorläufigen Schlussstein dieses Prozesses setzte das erfolgreiche Ringen um ökonomische Wohlfahrt und soziale Sicherheit mit der Konsequenz sozialökonomischer Garantien.

Rechtliche, politische, soziale Freiheiten; ethnisch indifferente, geschlechtsblinde Freiheiten, die sowohl dem Machtmissbrauch als auch dem ungezügelten Marktgeschehen Grenzen setzten; Freiheiten, die jedem und jeder persönliche Würde zuerkannten – das resümiert die früher skizzierte Zivilisierung des Kapitalismus.

Gibt es ein Zivilisationsprojekt der Gegenwart, das sich in diese Logik einfügt und von dem sich sagen ließe: seine Zeit ist gekommen?

8.

Eines, das seit Jahrzehnten für erregte Debatten sorgt, leidenschaftliche Zustimmung ebenso wie barsche Kritik hervorruft, wüsste ich zu benennen.

Es kurz zu porträtieren, greife ich zunächst noch einmal auf das Sozialeigentum zurück – Frucht ökonomischer Krisen und politischer Kämpfe des späten neunzehnten Jahrhunderts. Es bereite der Lohnarbeit, den Lohnarbeit leistenden Menschen eine Bühne, auf der sie sich als Bürger präsentieren und einen Boden, auf dem sie als Menschen stehen konnten, noch eben oberhalb der größten Not. Insbesondere die kontinentaleuropäischen Gesellschaften des zwanzigsten Jahrhunderts knüpften aus dem anfangs noch recht löchrigen Geflecht ein weitgespanntes, dichtes Netz sozial- und wohlfahrstaatlicher Vorkehrungen gegen persönlich unkalkulierbare Risiken des Marktgeschehens. Die Emanzipation des Arbeiters zum Bürger, ausgestattet mit dem Recht, Rechte zu haben, schien unumkehrbar.

Der globale Kapitalismus schuf neue Risiken. Die weltweite Konkurrenz um die günstigsten Verwertungsbedingungen, um hohe Renditen setzte einen Standortwettbewerb in Gang, der den auf nationaler Grundlage geschaffenen sozialen Konsens zu unterspülen droht. Lohnarbeit wird abermals zur Schicksalsfrage für Millionen, vielfach prekär und häufig fraglich; die Bühne wird morsch, der Boden rissig.

Der soziale Konsens bedarf einer Auffrischung, neuer Impulse, einer konkreten Utopie.

9.

Das Projekt eines Grundeinkommens, eines Bürgergeldes könnte die nötige Verjüngung des Sozialstaats bewirken.

Die damit verbundene Forderung eines unbedingten Rechts auf Leben, auf Lebensunterhalt auch ohne Lohnarbeit „passt" zur Logik des Sozialeigentums, ganz vorzüglich sogar. Technisch-technologischer Fortschritt und die Folgen planetarischen Wettbewerbs umzingeln die „gute" Arbeit, die ein eigenes Leben trägt. Das Kapital ist beweglicher als die lebendige Arbeit; ohne äußere Barrieren nutzt es diesen Vorteil und kündigt, wo immer das angeht, den alten Kompromiss: Wir können auch anders, anderswo!

Die Wiederherstellung annähernder „Waffengleichheit" zwischen Arbeitsvolk und Arbeitsherren ist ein Gebot der sozialen Gerechtigkeit und nötigt zur Anerkennung des Primats des Lebens vor dem Lohnerwerb. Den Arbeiter *zum* Bürger zu emanzipieren, darauf lief die Lösung der sozialen Frage in der Vergangenheit hinaus; den Bürger (und den Menschen) *vom* Arbeiter zu emanzipieren, ist die Forderung der Gegenwart.

Der Zugang zum klassischen Sozialeigentum war, blieb und ist an Arbeit gebunden.

Wer einen Arbeitsunfall erleidet, erkrankt, seine Arbeit verliert, erhält öffentliche Unterstützung, die es ihm oder ihr erlaubt, diese „Auszeiten" zu überbrücken. Die Zuwendung erfolgt in der Erwartung, dass die Empfänger den nur unterbrochenen Broterwerb nach dem Wegfall der Hinderungsgründe umgehend fortsetzen. Im gleichen Sinn auf Arbeit gepolt ist der „verdiente Ruhestand", der in genau dem Maße verdient ist, in dem er auf ein möglichst lückenloses Arbeitsleben zurückblickt.

Personen mit schweren körperlichen oder geistigen Handicaps ausgenommen, bleibt die erklärte Bereitschaft, jederzeit Arbeit leisten zu wollen, die *conditio sine qua non* der Existenzgewinnung.

Das Sozialeigentum der Zukunft löst die existentiellen Garantien von der Arbeit an und überträgt sie auf deren Subjekt, den Menschen, auf das Individuum als solches; das ist der ganze Unterschied.

Hinfort käme jedwede(r) mit dem Sozialeigentum, mit umfassenden sozialen Rechten auf die Welt, und behielte sie unabhängig von der Tatsache, ob er/sie Arbeit leistet oder nicht, viel oder wenig, kontinuierlich oder episodisch.

Formell setzen Grundeinkommen resp. Bürgergeld lediglich neue Themen auf die sozialstaatliche Agenda. Tatsächlich brechen sie mit der herkömmlichen Praxis der öffentlichen Risikovorsorge, mit der Arbeitsabhängigkeit sozialer Freiheiten, indem sie die Individuen gegen die „Zumutungen" der Arbeit selbst versichern.

Das macht die Sache in hohem Grade strittig.

10.

Ich möchte diesen Streit für jetzt auf sich beruhen lassen. Die wesentlichen Einwände gegen ein Bürgergeld aufzugreifen, zu würdigen und, sofern möglich, aufzulösen – das sprengt die Grenzen eines Vortrags, füllt ganze Bücher.[3] Angesichts der drögen Alternativlosigkeit speziell des politischen Diskurses ist es mir darum zu tun, das Neue, Unerhörte, Radikale der Idee herauszustellen.

Das Bürgergeld, verstanden als Recht auf auskömmliches Leben auch ohne Lohnarbeit zielt aufs Ganze unserer sozialen und kulturellen Selbstverständlichkeiten. Es offeriert ein neues Menschenbild, das die gewohnheitsmäßige Gleichsetzung von Arbeit und Aktivität, von Nützlichkeit und Menschenwürde überwindet. Es erweiterte den Katalog der Bürger- und Menschenrechte um die Alternative, zu arbeiten oder nicht zu arbeiten und zwingt die Arbeitsherren zu Bereitstellung finanziell und/oder sachlich attraktiver Arbeit. Es definiert den materiellen Grund des Lebens, den sozialen Boden, durch den niemand hindurchbrechen darf. Es assistiert der Forderung nach allgemeinen Mindestlöhnen und sorgte dafür, dass diese sich oberhalb des arbeitsfreien Grundeinkommens einpendelten. Arbeit lohnte sich dann wieder, in jedem Fall, und begründete ein eigenes Leben.

Das Bürgergeld ist eine kühne soziale Utopie, die die Grenzen des mit kapitalistischer Produktionsweise Verträglichen ausschreitet.

Weil es die Bedingungen seiner Verwirklichung angeben kann skizziert das Bürgergeld zugleich eine konkrete Utopie. Sie im Ansatz zu realisieren müsste man die heutige Sozial- und Arbeitsgesetzgebung „nur" von all jenen Bedrückungen, Nachstellungen und Beschämungen reinigen, die sich spätestens mit den Hartz-Gesetzen eingebürgert haben.

Das könnte umgehend geschehen, schon morgen.

---

3 Wolfgang Engler, Bürger, ohne Arbeit. Für eine radikale Neugestaltung der Gesellschaft, Berlin 2005. Ders., Unerhörte Freiheit. Arbeit und Bildung in Zukunft, Berlin 2007.

Projekt Bürgergeld
Kapital ist bewegl. als menschl. Arbeit
kühne, soziale, konkrete Utopie
WEIMARER
REDEN
2010
7. März 10

11.

Es geschieht nicht, noch nicht.

Die Regierenden und mehrheitlich auch die Regierten weigern sich standhaft, die Festungen der Lohnarbeitsgesellschaft zu stürmen und deren Zitadelle, den teils staatlich verfügten, teils verinnerlichten Arbeitszwang, Stein um Stein abzutragen. Utopisches Potential ohne revolutionäres Subjekt – hier stockt der nächste Schritt, droht das Projekt zu stolpern.

Die Mehrheiten in Gesellschaften wie der unseren dafür zu gewinnen ist eine Aufgabe, deren Lösung aussteht.

12.

Utopien verfehlen ihr Ziel, wenn sie die Zukunftsgesellschaft in allen Einzelheiten ausmalen; die sind in aller Regel von der Gegenwart geborgt und verlängern sie ins Morgen und Übermorgen; kaum bricht das Morgen an, sind sie veraltet.

Robuste Utopien üben sich diesbezüglich in Bescheidenheit und präsentieren Prinziplösungen für Grundprobleme ihrer Zeit. So auch das Bürgergeld. Es schreibt den Menschen künftiger Generationen nicht vor, wie sie zu leben, die neuen Freiheitsräume auszufüllen haben. Die kulturellen Konsequenzen eines Rechts auf auskömmliches Leben ohne Lohnarbeit stehen auf einem anderen Blatt, das hier nicht aufgeschlagen werden kann.

Utopien ermöglichen die Lesbarkeit der Welt.

Man wirft gleichsam einen Anker in die Zukunft und blickt aus dieser vorgestellten Position, aus der Vogelperspektive, auf die Gegenwart, aufs Hier und Jetzt. Spreu und Weizen sondern sich. Entwicklungen, die in Richtung auf das für Wünschenswert, für Notwendig Erachtete weisen, werden überhaupt erst sichtbar, wenn der Wunsch zum Vater des Gedankens und des Strebens wird.

Dann kann man sich immer noch täuschen und Trugbildern folgen. Aber besser das als gar keine Perspektive, als die Fixierung des Gedankens auf das krud Gegebene, auf den Augenblick. Wirtschaft ist kein Selbstzweck. Der Sinn der Übung sind soziale Wohlfahrt und individuelles Wohlergehen auf der Grundlage persönlicher Freiheit.

13.

Ohne rechtliche und politische Freiheiten schrumpft auch deren sozialökonomischer Kern; dann drohen Brot und Spiele als öder Preis der Knechtschaft.

Aber auch das Umgekehrte gilt: Die Aushöhlung der existentiellen Garantieren zieht alsbald auch die bürgerlichen Freiheiten in Mitleidenschaft.

Zwei Sollbruchstellen der sozialen Demokratie, zwei Kampfschauplätze.

Die Widersacher umfassender Freiheiten haben längst Position bezogen und die sozialökonomische Widerstandslinie der modernen Demokratie an mehr als einer Stelle überschritten; hier tobt der derzeit schärfste Kampf.

Sie zurückzuwerfen, die Grenzen erst neu zu befestigen und dann vorzuverlegen, auf dass die Gesellschaft den Takt der Wirtschaft angibt, das können wir, Bürger unter Bürgern, nur selber tun.

II. Kommentare, Weiterungen

Die Geschichte des Kapitalismus als Geschichte seiner Zivilisierung – bedeutet das nicht einen Freispruch Erster Klasse für diese Gesellschaftsform, wird mancher einwenden? Ein willentliches Absehen von den mit ihr einhergehenden Krisen, Unglücksfällen, Katastrophen? Zugegeben, eine umfassende, politisch akzentuierte Darstellung müsste ausführlich davon berichten.

Mein Bericht war keineswegs frei von „Dissonanzen", das Schlüsselwort hieß „Dezivilisierung".

Nur war es mir vorrangig darum zu tun, den Kapitalismus als eine sich entwickelnde, veränderbare Form der Reichtumsproduktion zu zeigen. Im Vordergrund standen die Zäsuren und Perspektiven einer *Zivilisierung* des Kapitalverhältnisses.

Das unabgeschlossene Projekt des Ringens um einen „Kapitalismus mit menschlichem Antlitz" ist eine *Gesellschaft der sozial Ähnlichen*, um mich eines treffenden Ausdrucks des französischen Soziologen und Historikers Robert Castels zu bedienen. Die Formulierung zielt auf einen „dritten Weg" jenseits von Gleichmacherei und krasser Ungleichheit.

Sie schließt an Forderungen an, viele hier in Weimar erinnern sich bestimmt, die im 1989er Herbst im Osten Deutschlands massenhaft erhoben wurden. Der Abschied vom autoritären Sozialismus sollte nicht in den Marktradikalismus münden – das war die Absicht.

Sie zu verwirklichen hätte es überzeugender Vorschläge bedurft, Volkseigentum, Demokratie und ökonomische Effizienz unter einen Hut zu bringen. Die fehlten, und so entschied die Mehrheit gegen den dritten Weg und für das westeuropäische Gesellschaftsmodell – für den „Rheinischen Kapitalismus". Sie ahnte nicht, konnte nicht ahnen, dass dieses Modell gerade zu dieser Zeit und nicht zuletzt dank des politischen Umbruchs im Osten in eine Krise geriet, die sich seither verschärft hat.

Was 1989 auf der Hand zu liegen schien – die Vereinbarkeit von Profitmotiv und allgemeiner Wohlfahrt – wurde in den Folgejahren wieder fraglich. Es wäre schon viel erreicht, wenn wir die Richtung wechseln, vom Pfad der sozialen Spaltung abzweigen und auf eine Gesellschaft der sozial Ähnlichen zusteuern würden.

Für einen Kapitalismus, der seine sozialen Versprechen bricht, bietet die Forderung eines „dritten Weges" eine gute Orientierung. Allerdings ist dieser Weg deutlich dorniger, mühseliger geworden.

Der Kampf um die Schulreform in Hamburg gibt ein aktuelles Beispiel für diese Mühen. Dort, in Hamburg, proben die Privilegierten den Aufstand gegen die Restgesellschaft. Die Vorstellung, ihre Sprösslinge könnten länger mit den Kindern von Arbeitern und Eingewanderten zusammen lernen, ganze sechs Schuljahre, schreckt sie zutiefst. In ihren Augen beeinträchtigt der Kontakt mit „Nachzüglern" und „Verlierern" die Entwicklung der eigenen Nachkommen. Dass beide, Privilegierte wie Unterprivilegierte, von den Erfahrungen der je anderen profitieren könnten, kommt ihnen nicht in den Sinn.

Deutschland / Preußen war der erste Bildungsstaat der modernen Welt. Das gestufte Bildungssystem, seine Rekrutierungsmechanismen, Lehrpläne und Institutionen, besaßen Vorbildcharakter, wurden weithin nachgeahmt. Im trügerischen Bewusstsein, Modelle mit Ewigkeitswert geschaffen zu haben, zementierte man den Status quo und verschloss sich neuen Herausforderungen und Bedürfnissen.

Die Vorreiterrolle wurde verspielt; Deutschland sank zu einem Bildungsständestaat herab.

In der deutschen „pädagogischen Provinz" erlauben Bildungsabschluss und Einkommen des Elternhauses ziemlich sichere Prognosen über das soziale Geschick des jeweiligen Nachwuchses; wer mag da noch ernsthaft von „Chancengleichheit" sprechen.

Derzeit gibt es drei Länder in der Welt, ausschließlich skandinavische, in denen die Herrschaft der Vergangenheit über Gegenwart und Zukunft gebrochen ist. Dort besitzt jeder Heranwachsende die Möglichkeit, seine Neigungen und Fähigkeiten zu entdecken und zu schulen und sein Leben unabhängig vom Bildungserfolg und vom Geldbeutel seiner Eltern zu gestalten.

Mehr können und mehr wollen auch wir nicht fordern, aber hinter dem derzeit schon Erreichten, Erreichbaren zurückbleiben, das dürfen wir, Bürger unter Bürgern, nicht zulassen.

Der Ausgang des Hamburger Bildungsstreits ist auch ein Testlauf für das sozialmoralische Kapital der deutschen Gegenwartsgesellschaft.

Bildung, Gesundheitsvorsorge, Wohnbedingungen, Freizeitkonsum – überall ereignet sich derselbe Vorgang: die Bessergestellten gehen auf Abstand zu denen, sie es schwerer haben und igeln sich ein; das soziale Band hängt durch, sinkt mehr und mehr zu Boden.

Früher, in den Aufstiegsgesellschaften der Nachkriegszeit, hieß es: „Alle oder Keiner!", die Losung unserer Tage lautet: „Für alle reicht es nicht!" und also: „Rette sich und die Seinen, wer kann!"

Die „nivellierte Mittelstandsgesellschaft" der ersten Jahrzehnte nach dem Zweiten Weltkrieg, seit je mehr Ideal als Wirklichkeit, ist endgültig passé. Wir leben längst in einer fragmentierten, zerklüfteten Gesellschaft; in einer Gesellschaft, die „Gemeinwesen" zu nennen zunehmend schwerer fällt.

Die seit den frühen 1970er Jahren währende, sich tendenziell ausweitende Krise der Lohnarbeitsgesellschaft hat die Erwerbsbevölkerung nachhaltig gespalten und die Geschäftsgrundlage des Sozialstaats untergraben. Solange die Mitglieder aller gesellschaftlichen Gruppen vom wirtschaftlichen Fortschritt profitierten, reale Aufstiegschancen hatten, überwogen die sozialen Bindungskräfte die auseinanderstrebenden Tendenzen. Inzwischen zerren die Fliehkräfte heftig an den Fugen des Gesellschaftsbaus, und der Kitt bröckelt.

Schießt die Idee eines Bürgergelds, eines Grundeinkommens angesichts dessen nicht weit über das „Machbare", über das momentan Gebotene hinaus?

Ginge es nicht zunächst und vor allem um die Rettung jener zivilisatorischen Errungenschaften, die dem Kapitalismus in der Vergangenheit abgetrotzt wurden?

Darum geht es, wahrlich, aber ein defensiver, rückwärts gewandter Kampf hat wenig Aussicht auf Zulauf.

Was Not tut, ist eine Auffrischung des Solidaritätsgedankens, sind neue Ziele, neue Vorhaben, die den Einsatz und die Mühe lohnen.

Freilich: Warum sollten jene, die über ausreichend ökonomisches und kulturelles Kapital verfügen, um alleine durchzukommen, tätig am Geschick von Menschen Anteil nehmen, die noch eben den Alltag bewältigen und oft nicht einmal das? Warum sollten sie, statt aus der Solidargesellschaft auszuscheren, noch einen Schritt weitergehen und ein Grundeinkommen akzeptieren, dass die „Absteiger", gar die ökonomisch „Überflüssigen" mit neuen Rechten ausstattet und ihnen gegenüber stärkt?

Die erste Antwort auf diese Frage gibt eine Folgefrage: Was wäre die Alternative zur Fortsetzung, zum Ausbau des sozialen Kompromisses? – Die Entscheidung der gut Gewappneten, mit den anderen nicht länger zusammenleben zu wollen. Das wäre der Klassenkampf von oben auf breiter Front, die Erklärung des sozialen Bürgerkriegs. Indizien dafür gibt es hierzulande, wie mehrfach angedeutet; anderenorts sind Bürgerzwietracht, Bürgerzwist schon offen ausgebrochen.

Appelle an das wohlverstandene Eigeninteresse der Wirtschaftsbürger, Bildungsbürger: können diese fruchten?

Von der Aussicht auf soziale Unruhen dürften sich die „Begüterten" überwiegend kaum zu mehr Gemeinsinn überreden lassen. Als potente Steuerzahler haben sie ein Anrecht auf „Ruhe und Ordnung" und sind gewohnt, es einzufordern – von der Polizei und den Gerichten.

Aussichtsreicher erscheint der Hinweis auf die Verwundbarkeit des Daseins, die seit längerem auch die Mitte der Gesellschaft trifft. Zwar lebt man dort noch immer sicherer, komfortabler als weiter unten, am Rand, vom sozialen Abseits ganz zu schweigen. Die Chance, arbeitslos zu werden, ist für die von Haus aus bestens präparierten, gut ausgebildeten Kinder der Mittelschichten deutlich geringer als bei den Mietern der unteren Geschosse. Das Abonnement auf erstklassige Positionen im Erwerbssystem, das ihre kollektiven Eltern besaßen, ist ihnen entglitten. Der Zusammenhang zwischen sozialer Mitgift, eigenen Anstrengungen und beruflichem Erfolg ist heute weniger eng, weniger gewiss als noch vor wenigen Jahrzehnten. Das Gespenst des

Scheiterns hat die mittleren Etagen des Gesellschaftsbaus erreicht und geht dort, Zweifel streuend, Angst verbreitend, um.

Die Mitte der Gesellschaft besitzt ein eigenes, vitales Interesse an der Versicherung des Lebens, seiner elementaren Bedürfnisse. Darauf, auf die Sorge um die eigene Existenz, das eigene Fortkommen, lässt sich bauen, selbst wenn die moralischen Fundamente ins Wanken geraten. Die Lücke, die das soziale Mitgefühl hinterlässt, wird mit Selbstmitleid gefüllt – einstweilen.

Bei fortbestehender Verunsicherung könnte in den gehobenen Milieus die Einsicht reifen, dass BÜRGERSOLIDARITÄT die einzig passende Antwort auf die soziale Frage im Zeitalter der Globalisierung gibt, dass die „Armenfürsorge" mit der für sie charakteristischen Auslese der „wirklich Bedürftigen" uns allen ein beschämendes Armutszeugnis ausstellt.

Greift, was Menschen denken, wünschen, wollen, in den Weltlauf ein oder vollzieht sich dieser hinter dem Rücken der Akteure?

Von revolutionären Perioden abgesehen, in denen die einzelnen urplötzlich und zu ihrem eigenen Erstaunen der Macht der Gewohnheit spotten und zu unerhörten Taten schreiten, scheint die Geschichte solchen „Extravaganzen" wenig Raum zu bieten.

Zu den Wenigen, die dieser einschläfernden Ansicht widersprachen, gehört der schottische Philosoph David Hume. *Opinion matters*, lautete seine ebenso knappe wie ermutigende Auskunft, die er vor mehr als zweihundertfünfzig Jahren seinem Essay über die Grundlagen der Herrschaft (Of The First Principles Of Government) anvertraute und wie folgt erläuterte:

Nichts erstaunt jene, die sich mit den menschlichen Angelegenheiten gründlich beschäftigen, in höherem Maße, als die Leichtigkeit, mit welcher sich die Vielen von den Wenigen beherrschen lassen. Wenn wir näher untersuchen, was dieses Wunder bewirkt, finden wir, dass sich die Regierenden gegen die Macht der großen Zahl auf nichts weiter stützen können als auf die Meinung. Darin, in Meinung allein, gründet die Regierung. Diese Maxime erstreckt sich auf despotische und gewalttätige Regierungsformen ebenso wie auf die freien und volkstümlichen.

Die Anschauungen ganz normaler Individuen, weit davon entfernt, nur einen nebulösen „Überbau" über den objektiven Gegebenheiten ihres gesellschaftlichen Arbeits- und Lebensprozesses zu bilden, gehören selbst zu den „harten Tatsachen". Ändern sich die Ansichten der Menschen, dann ändert sich allein dadurch die Gesellschaft, die sie miteinander bilden. Wo noch vor kurzem die „eherne Notwendigkeit" regierte, öffnen sich plötzlich Türen ins Freie.

Es war diese erlösende Erfahrung, die die Ostdeutschen im Herbst des Jahres 1989 erst verblüffte und dann zum kollektiven Aufbruch mitriss.

Wenn Menschen in hinreichend großer Zahl den Glauben an das „Schicksal" und seine irdischen Sachwalter verlieren, ist deren Macht grundsätzlich gebrochen und die Herstellung neuer gesellschaftlicher Verhältnissen nur mehr eine Frage der Zeit.

Die derzeit Regierenden könnten diese Lektion schneller lernen, als ihnen lieb ist. Sie haben die zweite globale Krise des Kapitalismus nur gemanagt, nicht gelöst, weil sie vor tiefgreifenden Eingriffen in das Wirtschaftssystem, das sie verursachte, zurückschreckten. Nun geht das Spiel von neuem los. Der nächste „große Krach" ist gleichsam avisiert. Und, wer weiß, vielleicht siegt dann zugleich mit der Wut über die „Wiederkehr des Gleichen" der Mut zum Aufbruch über die sehr verständliche Furcht vor dem Neuen.

Ich jedenfalls würde mich freuen, meine Vermutung vom Anfang dieser Rede, dass den Eliten keine schlaflosen Nächte blühen, nächstens widerlegt zu finden.

Die soziale Welt, hat Norbert Elias, ein großer Soziologe des zwanzigsten Jahrhunderts, einmal gesagt, entspricht nur selten den menschlichen Wünschen. Aber es liegt im Bereich der menschlichen Kraft, sie diesen Wünschen entsprechender zu machen.

Alles andere, Erwachen, Aufbegehren, Suche nach Verbündeten, gemeinsames Handeln, folgt aus dieser Einsicht.

Ich danke Ihnen herzlich für Ihre Aufmerksamkeit.

Laudatio auf Friedhelm Hengsbach SJ

Hans Hoffmeister

„Provokation macht wach", hat einmal der frühere Ministerpräsident Bernhard Vogel (CDU) während einer Podiumsdiskussion der TLZ zum Thema Wirtschaft in Weimar gesagt. Für Provokationen ist Pater Hengsbach immer gut. Schon die Reihe seiner einstigen Mitstudierenden am Jesuitenkolleg provoziert. Nicht nur Heiner Geißler, den wir soeben hier erleben konnten, war dort Schüler, sondern auch Norbert Blüm und – Oskar Lafontaine.

Von ihnen allen könnte man sagen, „dass sie mit ihren Politik- und Lebensentwürfen auch jesuitische Vorstellungen eines gelingenden Lebens und einer gerechten Gesellschaft abbilden", wie es Professor Friedhelm Hengsbach formuliert.

Jüdisch-christliche Tradition verbindet

Als Jesuit nämlich betrachtet man die Situation, in der man lebt – und versucht, sie mit der Reflexion des Glaubens, der Erinnerung an biblische, also jüdisch-christliche Tradition zu verbinden.

Ich nehme an, dass dem doch jeder zustimmen kann. Aber dann bringt er es auf den Punkt: „In Deutschland hat die soziale Entsicherung zugenommen." Ein Satz, der anprangert. Da schreit der Westerwelle!

Vom Appell an die Tugend der Manager hält Hengsbach überhaupt nichts. Auch nichts von einem Aufschrei über „gierige Manager da oben". Und von einem Lamento über „faule Säcke da unten", wie er Gerhard Schröder mit dessen Lehrerschelte zitiert,

69

hält er erst recht nichts. Denn: „Tugendappelle führen in die Sackgasse". Wieder so ein Satz. Oder dieser: „Wer politische Ordnungsregeln außer Kraft setzt, muss sich nicht wundern, dass die Gesellschaft ausfranst". Ausfranst – ein Wort, das anschaulich macht. Eine Provokation. Oder: „Die Fixierung auf ausschließliche Aktionärsinteressen erzeugt kollektive Euphorie."

Seine eigene Kirche kriegt's erst recht ab! Er nennt die katholische Amtskirche „extrem patriarchisch und antifeministisch" – „sie faselt", so Hengsbach, „von natürlichen Unterschieden", um die sozialbedingten Benachteiligungen von Frauen weiter zu missachten. Familienarbeit leisten – das wünscht er sich als „radikale Männerpolitik".

Familienarbeit leisten gegen betriebliche oder monetäre Vorrechte: das bedeutet Arbeitsteilung und nicht mehr den Rückzug der Frau in die Haus- und Familienarbeit, sobald der Mann einen guten Posten ergattert hat, widerspricht er dem stockkonservativen Familienbild eines Dieter Althaus, dessen sogenannte Familienoffensive in Thüringen gründlich misslang.

Familienarbeit in Hengsbachs Sinn – das gelte auch für Priester und Bischöfe. „Jede Arbeit ist teilbar, auch die des Papstes", ruft er seinem obersten Chef zu. Und bejaht ausdrücklich die Frage, ob man Arbeit gendergerecht zwischen einer Päpstin und einem Papst teilen könnte. – Der Papst hat sich noch nicht gemeldet, was er davon eigentlich hält …

Im TLZ-Interview hat Hengsbach weitere, massive strukturelle Reformen seiner Kirche angemahnt – auch zum Thema gewalttätiger sexueller Missbrauch von Schutzbefohlenen. Ich komme darauf zurück.

„Wie steht es um meine Identität als Führungsperson? Bin ich eher ein kurzfristig denkender Kapitalist, ein Patron? Oder bin ich ein Netzwerker, der für Interessenausgleich sorgt? Ist mein unternehmerisches Tun sinnvoll?" Das mögen sich die 76.000 Thüringer Unternehmenschefs fragen, fast alle Mittelständler, die unsere Arbeitsplätze schaffen.

Solidarisch mit
den Arbeitslosen

Hengsbach, 1937 in Dortmund geboren, trat 1957 in den Jesuitenorden ein. 1998 erhielt er den Gustav-Heinemann-Bürgerpreis und 2004 den Regine-Hildebrandt-Preis für Solidarität bei Arbeitslosigkeit und Armut.

Um 1962 hatte ich das Glück, Friedhelm Hengsbach im Jesuitengymnasium in Büren in Ostwestfalen als sein Schüler zu begegnen. Er machte dort sein pädagogisches Praktikum. Ich muss um die 14 Jahre alt gewesen sein. Später, ab 1992 – ich war längst in Weimar – leitete er das Nell-Breuning-Institut für Wirtschafts- und Gesellschaftsethik und prägte maßgeblich das moderne christliche Menschenbild in den christlichen Sozialausschüssen mit. Möge die CDU heute dort wieder Anleihe nehmen!

Von Pater Hengsbach und anderen jungen Lehrern im Jesuiteninternat waren wir Schüler gut beraten. Nie hat uns einer den Mund verboten. Wenn man etwas wissen wollte, gaben sie einem offen Antwort. Und holten die Lektüre dazu aus dem Regal. Von ihnen habe ich gelernt, Bücher zu lesen, ja, sie überhaupt erst einmal zu haben. Zum Beispiel Bücher über Nationalsozialismus, ein Tabuthema in Elternhaus und Volksschule. Mein Bild des Papstes Pius XII. wurde so auf den Kopf gestellt. Er hatte – das hatte ich ganz allein recherchiert – zur Deportation bestimmte Juden in Rom alleingelassen. Das waren für mich grundstürzende Erkenntnisse.

Bücher waren einem Kind des Jahrgangs 1948 inmitten der Währungsreform nicht in die Wiege gelegt. Da ging es um ganz anderes, nämlich um den Aufbau des elterlichen Geschäfts, um den Verkauf von Töpfen und Stacheldraht und nicht um Freiheit und Bildung. Und: Im Internat musste man selber sehen, wie man klar kam. Ohne die Eltern. Aber gottlob mit einem wie Pater Hengsbach!

Ich kann das auch mit den Worten von Heiner Geißler sagen: „Sich für die Ideen anderer zu öffnen – das habe ich von den Jesuiten gelernt."

71

Ich danke meinem Lehrer, der sich gern als ein Befreiungstheologe versteht. Ich freue mich, ihn hier in Weimar bei unserer Reden-Reihe zu begrüßen. Pater Hengsbach ist für mich und für viele andere neben Karl Rahner einer der wichtigsten jesuitischen Denker unserer Tage.

Die quälende Last der Vergangenheit

Ich möchte, bevor ich den letzten Satz meiner Vorrede spreche, noch etwas ergänzen, das – wie Sie und ich meinen könnten – eigentlich nicht zum Thema des Tages gehört. Ich habe mich nach schlaflosen Nächten heute morgen dazu durchgerungen und die Entscheidung getroffen, auch dies zu sagen.

Ja, die Freiheit, die diese Lehrer in diesem Internat uns Jesuitenschülern eröffneten, der Mut, den sie uns machten inmitten weithin dumpfer, restaurativer, verklemmter Zeit, die von mir zitierte Offenheit, die sie uns vermittelten, alles das wurde auch missbraucht.

Ja, es gab Missbrauch gewalttätiger, sexualisierter, seelischer und emotionaler Art an schutzbefohlenen Schülern. Auch in meinem Jesuiteninternat in Büren in Westfalen, wo ich von der Sexta bis zur Prima aufs Gymnasium ging. Heute sind Internat und Gymnasium längst privatisiert. Die Jesuiten haben sich vor Jahren dort zurückgezogen.

Ich wundere mich, dass von diesem Missbrauch mitten in Ostwestfalen bislang öffentlich noch nicht die Rede war. Warum schweigen wir?

Der wohlbeleibte Internatsleiter selbst, sein Name war Pater Fulst und er war auch mein Lateinlehrer, hat mich und – noch weitaus schlimmer Mitschüler wie etwa D., ich weiß noch heute seinen Namen – regelmäßig und systematisch mit dem Stock geschlagen. Er hatte eine ganze Sammlung solcher Stöcke hinter der Tür in seinem Zimmer stehen, dort, wo diese Quälereien stattfanden. Manchmal durfte ich mir meinen Stock aussuchen. Und er hat – jedenfalls mich – auch sexuell belästigt. Die blutunterlaufenen Striemen meines Mitschülers D. auf seinem

Hinterteil sehe ich heute noch. 15 Schläge, fein säuberlich nebeneinander platziert. Das war keine Seltenheit. Kaum waren die Striemen abgeheilt, kriegte er die nächsten Schläge. Pädagogisch geholfen haben sie nicht. Geschadet sicher sehr.

Amelie Fried ging
mit Beispiel voran

Ich sage das hier bei dieser Gelegenheit, nachdem ich an diesem Sonnabend die erschütternd positiven und negativen Bekenntnisse von Amelie Fried in der FAZ auf Seite 3 gelesen habe. Sie berichtet aus der Odenwald-Schule.

Und ich kann es wie so viele Opfer nicht ertragen, dass mitten unter uns sogar Bischöfe und andere höchste Würdenträger Missbrauchsvorwürfe bis zur Stunde noch immer kleinreden und relativieren und mit „schmierigen" Stellungnahmen, wie es Frau Fried nennt, zu verteidigen suchen.

Dies gehört vielleicht nicht direkt zur Zukunftsdebatte dieses Tages, aber es beschäftigt derzeit wie kein zweites Thema die Öffentlichkeit. Und es beschäftigt mich, nicht nur in meiner beruflichen Aufgabenstellung als Mittler für die Öffentlichkeit, sondern auch als Betroffenen. Und als Christ und Mensch.

Als solcher fordere ich, ebenso wie das zum Thema Kapitalismuskritik anklingt, auch insofern Offenheit, Aufklärung, Respekt vor den Opfern und Benennung der Schuldigen. Denn ebenso wie der Kapitalismus für Abhängige zur Ausbeutung werden kann, so wurde hier sexualisierte Gewalt gegenüber Kindern und Heranwachsenden zur Ausbeutung der anderen Art. Und jedwede Verschleierungs- und Abwiegelungsversuche müssen endlich aufhören.

Ich danke Ihnen, dass ich das noch sagen durfte.

Pater Hengsbach, wir sind gespannt auf Ihre Rede. Machen Sie uns wach!

73

***

Hengsbach ging vor seiner Weimarer Kapitalismus-Rede spontan auf den zweiten Teil von Hoffmeisters Vorrede ein, der mit viel Beifall bedachte wurde. Er dankte für den Mut. Und er kommentierte, dass Internate ihm schon damals suspekt gewesen seien. Hengsbach plädierte für Reformen in seiner Kirche. Er hoffe insofern auch auf den Kirchentag.

In einem Nachtrag zu dieser Kirchenkritik, eigens verfasst für die TLZ, nimmt Hengsbach ausführlicher zu Hoffmeisters Vorrede Stellung. Wir beziehen in unserer Dokumentation auch diese Ergänzung ein.

Ein wirtschaftspolitischer Aufbruch – Jenseits des Finanzkapitalismus

Friedhelm Hengsbach SJ

Sehr geehrter Herr Hoffmeister, ich danke Ihnen ganz herzlich für die Einführung, die ich als sehr einfühlsam empfunden habe, wenngleich Sie eine Menge markiger Äußerungen, vielleicht sogar „schwarzer Worten", wie Hilde Domin sie nennen würde, gefunden haben, die bei den Teilnehmerinnen und Teilnehmern, die hier im Nationaltheater versammelt sind, sehr hohe Erwartungen geweckt haben. Ich hoffe, dass ich sie halbwegs erfüllen kann.

Überrascht haben mich Ihre Worte, die – wie Sie sagen – nicht unmittelbar zum Thema des Tages gehören, nämlich die Erinnerung an eine Zeit, die Sie und ich gemeinsam, wenngleich in verschiedenen Rollen, in einem Jesuiteninternat verbracht haben. Was Sie aus unmittelbarer und mittelbarer Erfahrung erlebt und jetzt geschildert haben, habe ich nur in verdrängt-verklärenden Schilderungen Ihrer Mitschüler, die aus der Erinnerung erzählten, mitbekommen. Den von Ihnen erwähnten Internatsleiter habe ich nicht mehr gesehen.

Für mich war die Zeit des zweijährigen pädagogischen Praktikums keine Glanzzeit, an die ich mich gern erinnern möchte. Ich stellte damals fest, dass mir das Talent dazu fehlt, heranwachsende Jugendliche zu beaufsichtigen, zu disziplinieren und anzutreiben, ihre Träume und Entwürfe eines gelingenden Lebens in einen rigorosen täglichen Zeittakt hinein zu pressen. Und das unter dem Schirm eines geschlossenen Internats, das ein quasi-familiäres Milieu vorspiegelt.

Offensichtlich hat der Internatsleiter, den Sie erlebt haben, es als sein Privileg angesehen, solche gewalttätigen Exekutionen an Schülern, die angeblich nur faul, tatsächlich wohl eher nicht

77

motiviert oder weniger begabt waren, als pädagogische Therapie vorzunehmen. Ich habe einige Zeit gebraucht, solche männlichen Gewaltausbrüche im Zusammenhang mit sexueller Fehlsteuerung, sexuellem Kontrollverlust und emotionaler Unreife zu deuten. Ich hätte Michel Foucaults Reflexion über Sexualität und Macht nicht bloß in der Makrodimension sondern mehr noch in der Dimension persönlicher Beziehungen zu lesen.

Was inzwischen in verschiedenen kirchlichen und gesellschaftlichen Segmenten des Umgangs von Amts- und Funktionsträgern mit Kindern und Jugendlichen ans Licht gebracht wird, löst Empfindungen der Wut und Empörung in mir aus, die kalt den Rücken herunter laufen. Zum Glück finden Führungskräfte den Mut, die Opfer von einst aufzufordern, aufzustehen, ihre Stimme zu erheben und Gerechtigkeit einzufordern. Zum Glück werden die Täter nicht mehr unter dem Mantel kirchlicher oder pädagogischer Einrichtungen versteckt. Zum Glück beginnen kirchliche und staatliche Amtspersonen damit, diejenigen zur Rechenschaft zu ziehen, die von skandalösem sexuellen Missbrauch und gewalttätigen Übergriffen wussten und sie vertuscht haben, weil sie das Image der Institution höher einstuften als das Leiden der Betroffenen.

Gleichzeitig mit der Aufdeckung dieser Dimensionen individueller Vergehen, Einstellungen und Fehlhaltungen sollten indessen die Systemfehler untersucht und geprüft werden, die Klaus Mertes, der Leiter des Canisiuskollegs den „Geschmack des Katholischen" genannt hat. Es geht indessen nicht um eine Geschmacksrichtung, sondern um strukturelle Defizite der katholischen Kirchenverfassung, wie sie sich im Lauf der Geschichte von der ursprünglichen Botschaft und Person des Jesus von Nazareth entfernt hat.

Offensichtlich wird die katholische Kirche in Deutschland durch die Vergehen von Amtsträgern derzeit weit heftiger durchgeschüttelt, als dies 1968 das päpstliche Verbot der künstlichen Empfängnisverhütung oder 2006 das Diktat des Vatikans, aus der Schwangerschaftskonfliktberatung auszusteigen, je geschafft haben. Dies liegt wohl auch daran, dass die Kirchenmitglieder zwar die überraschend hohe Sensibilität der Kirchenleitungen für die Opfer und die rigoros moralische Verurteilung der Täter schätzen, aber gleichzeitig darüber verärgert sind, wie wenig der strukturelle Hintergrund individueller Übergriffe thematisiert wird – etwa die Verhärtung männlicher Macht in abgeschlossenen pädagogischen Milieus, gedeckelte und vagabundierende Sexualität, der widerwillig hingenommene Zölibat, nämlich die Kopplung von kirchenamtlicher Funktion und persönlicher Lebensform, der systematische Ausschluss von Frauen aus kirchlichen Positionen und die religiös verbrämte patriarchale Hierarchie.

Kardinal Lehmann hat in der Frankfurter Allgemeinen Zeitung vom Gründonnerstag 2010 zwar einen beachtenswert nüchternen Beitrag über die vermuteten Ursachen sexuellen Missbrauchs und gewalttätiger Übergriffe in kirchlichen Einrichtungen geschrieben. Seine Vorschläge, welche Konsequenzen die Kirche in Deutschland daraus ziehen könnte, verharren jedoch in den Dimensionen einer dogmatischen Reflexion und spirituellen Konversion. Strukturreformen werden nicht in den Blick genommen.

Dabei brodelt es in den katholischen Gemeinden unter Katholiken, die jene skandalösen Vergehen zum Anlass nehmen, den Kirchenleitungen vorzuwerfen, dass sie zahlreiche strukturelle Reformvorschläge, die auf Bischofssynoden von Bischofskollegen und auf der Würzburger Synode, auf Katholiken- und Kirchentagen sowie auf Diözesansynoden von verantwortlichen Christen vorgetragen wurden, systematisch blockieren. Die Club-Solidarität religiöser Eliten miteinander scheint mehr zu gelten als ihre Solidarität mit dem ihnen anvertrauten Volk der glaubenden Christen. Solche Christen, die mehr und mehr anachronistische Kirchenstrukturen zur Disposition stellen, empfinden sich bald als Fremde in einem kirchlichen Exil. Dass ihr Unbehagen und ihre Empörung die deutschen Bischöfe so unter Druck gesetzt haben, dass sie sich von ihrem Kollegen Mixa öffentlich distanzieren und diesen zum Rücktritt drängen, ist bisher einmalig in der deutschen Nachkriegsgeschichte und ein Mut machender Erfolg kirchlich-zivilen Widerstands von der Basis her.

Was jedoch die katholische Kirche nicht nur in Deutschland weiterhin gefangen hält, ist das überzogene Merkmal einer Kleriker-Kirche. Die Entscheidungsmacht in einer solchen Kirche ist – ziemlich weit entfernt von den Ursprüngen der Glaubensgemeinschaft in der Nachfolge Jesu – weihebasierten Amtsträgern vorbehalten, die männlich und ohne Partnerbindung sind. In Korrelation zum Mangel an solchen Kandidaten werden die Gemeinden, die ursprünglich lokalen Lebensräumen angepasst waren, in größere Regionalverbände überführt. Der Maßstab dieser Konzentrations- und Fusionsprozesse scheint fast ausnahmslos die Zahl der noch vorhandenen Kleriker zu sein.

Anstatt die Kopplung kirchlicher Leitungsmacht an ehelose, mit sakramentaler Weihe ausgestattete Männer zu lösen, und anstatt die relative Seltenheit solcher Berufungen als einen Wink Gottes zu deuten, der eine solche Klerikerkirche vielleicht nicht mehr will, hält die Kirchenleitung krampfhaft an dieser historisch gewordenen, inzwischen anachronistischen Struktur fest. Sie übernimmt damit ein dreifaches Risiko: Erstens überfordert sie die weniger werdenden Kleriker, bis diese ausbrennen, krank werden oder ihren Dienst quittieren. Zweitens entmutigt sie hoch movierte und kompetente Frauen und Männer, die unabhängig von der Lebensform ihre Talente und Energien für den pastoralen Dienst in den Gemeinden mobilisiert haben und sich nun tendenziell aus diesem Beruf zurückziehen. Und drittens verstolpert sie sich in eine Reaktion, die Jesus an den Pharisäern und Schriftgelehrten geißelt, dass sie sich nicht um die Menschen in den Gemeinden sorgen, sondern an ihren eigenen Überlieferungen und Menschensatzungen festhalten. Dass sie die Schlüssel zum Himmelreich in der Hand halten, die Gemeinden aber nicht hinein lassen. Könnten sie sich nicht an Petrus orientieren, der sich in Jerusalem, als ihm vorgeworfen wurde, ohne vorherige Beschneidung die Taufe bekehrter Heiden angeordnet zu haben, mit der Frage rechtfertigte: „Wer bin ich, dass ich Gott hindern könnte?"

Nach dieser Vorbemerkung aus gegebenem Anlass möchte ich mich nun dem angekündigten Thema zuwenden.

Eine Krise biete immer auch die Chance eines Aufbruchs, meint die Bundeskanzlerin. Dieser setze jedoch eine schonungslose Analyse der Krisenursachen voraus. In welchem Stadium der Krise befinden wir uns? Noch mitten drin oder bereits danach?

Nach der Krise ist, wenn die nächste Blase geplatzt ist. Derzeit zeigt die Krise immer neue Gesichter.

1. Eine beispiellose Krise

Wiederholt wurde von einer beispiellosen Krise gesprochen, obwohl Finanzkrisen zum Kapitalismus dazu gehören wie das Wasser zum Meer. Um dies verständlich zu machen, werden naturalistische oder organizistische Metaphern bemüht, Außerdem wird der sowohl destruktive als auch kreative Charakter von Finanzkrisen betont. Immerhin hat es in den letzten dreißig Jahren mindestens sieben oder acht schwere Finanzkrisen gegeben. Was macht diese Krise angeblich beispiellos?

Diese Krise war – zumindest in der ersten Schockphase – von einem radikalen Wechsel der herrschenden Denkmuster begleitet. Die marktradikalen, wirtschaftsliberalen Parolen: „Vertraue auf die Selbstheilungskräfte des Marktes. Der schlanke Staat ist der beste aller möglichen Staaten. Die Notenbank, die rigoros die Inflation bekämpft, macht jede Wirtschaftspolitik an anderer Stelle überflüssig." Waren über Nacht weggefegt. Selbst Josef Ackermann glaubte nicht mehr an die Selbststeuerung des Marktes und rief nach dem Staat als dem Retter.

Diese Krise sei eine Bankenkrise, behaupten Experten. Es ist die zweite allgemeine Bankenkrise in hundert Jahren. Ihre Besonderheit liegt darin, dass die Beziehungen unter den Banken radikal gestört sind, der Interbankenmarkt selbst zusammenbricht. Die institutionellen Anleger und die Banken zweifeln daran, ob diese oder jene Bank ihre Zahlungsverpflichtungen einlösen kann, weil ein Kerngeschäft der Banken, die so genannte Fristentransformation gestört ist.

Beispiellos ist diese Krise deshalb, weil sie eine monetäre, ökologische und soziale Dimension einschließt. Die monetäre Dimension besteht darin, dass die außergewöhnliche Dynamik des Kapitalismus, Wohlstand zu erzeugen, in der unbegrenzten Geld- und Kreditschöpfungsmacht des Bankensystems gründet. Dieses wirtschaftliche Wachstum ist jedoch nur möglich gewesen, weil der industrielle Kapitalismus über die wissenschaftlichen Erkenntnisse und die technischen Möglichkeiten verfügte, ungehemmt in die „Sparbüchse der Erde" zu greifen, also das in der Erde gespeicherte Naturvermögen zum Nulltarif in Anspruch zu nehmen. Die soziale Dimension der Krise ist darin zu sehen, dass die politisch Verantwortlichen in Deutschland und Europa die solidarischen umlagefinanzierten Sicherungssysteme zugunsten einer privaten, kapitalgedeckten Vorsorge deformiert, die Arbeitsverhältnisse entregelt und den Rheinische Kapitalismus systematisch dem angloamerikanischen Finanzkapitalismus anzugleichen versucht haben. Das Resultat ist die Zunahme des Armutsrisikos und prekärer Arbeit sowie eine Schieflage der Einkommens- und Vermögensverteilung. Die Schere zwischen denen, die am wachsenden Reichtum Anteil haben und denen, die davon ausgeschlossen sind, hat sich seit Beginn des Jahrhunderts massiv geöffnet.

2. Fehlersuche

Wie konnte es dazu kommen? Was ist schief gegangen? So eröffnet die Bank für Internationalen Zahlungsausgleich ihren 79. Jahresbericht, der im Juni 2009 veröffentlicht wurde.

2.1 Individuelles Fehlverhalten

Die erste Reaktion der öffentlichen Meinung besteht in der Suche nach einem Prügelknaben mit erkennbarem Gesicht, dem die Ursache der Krise angelastet werden kann: die Gier der Manager. Waren es nur die Manager oder alle Verbraucher und Sparer, die der Hauptsünde der Gier verfallen waren, weil sie sich von der Parole: „Geiz ist geil" haben betören lassen? Sind sie Gütern, die zu niedrigen Preisen angeboten wurden, und Finanzanlagen, die höhere Zinsen versprachen, nachgejagt, ohne zu fragen, unter welchen Arbeitsbedingungen die Güter hergestellt werden, und ohne zu überprüfen, in welche Kanäle die Finanzanlagen einmünden?

Der blinde Fleck einer solchen Krisenerklärung besteht jedoch darin, dass die Spielzüge individueller Akteure fehlerhaft oder korrupt sein mögen. Aber schwerer wiegt der Verdacht, dass die Spielregeln fehlerhaft sind und das Regelsystem korrumpiert.

2.2 Systemfehler

(1) Zu den Systemfehlern, die als Ursache der Finanzkrise in Frage kommen, gehört zum einen die reale Schieflage der Einkommens- und Vermögensverteilung in den entwickelten Volkswirtschaften. Dadurch wird Kaufkraft dem realwirtschaftlichen Kreislauf tendenziell entzogen, während Finanzmittel, die nicht für Konsumzwecke verwendet werden, den Kapitalmärkten zur Verfügung stehen und in der monetären Sphäre zirkulieren. Zum andern haben sich über Jahrzehnte hinweg strukturell verfestigte globale Ungleichgewichte gebildet, etwa die riesigen Leistungsbilanzdefizite der USA einerseits und die Leistungsbilanzüberschüsse, die sich auf die Länder China, Deutschland, Japan und die Öl exportierenden Staaten verteilen, anderseits. Sie lösen riesige Finanzströme aus, die sich weithin von den realwirtschaftlichen Handelsströmen gelöst haben.

(2) Mit dem steigenden Wohlstand und der Geldvermögensbildung wohlhabender und extrem reicher Haushalte hat sich außerdem die vorrangige Geldfunktion verändert. Geld ist nicht mehr nur Tauschmittel zur Erleichterung des Waren- und Dienstleistungsverkehrs. Es wächst zunehmend in die Rolle hinein, Vermögen und Wertspeicher zu sein, der mit anderen Vermögenswerten: Immobilien und Wertpapieren konkurriert. Dabei folgt die Steuerung der Geldmärkte anderen Regeln, als sie für Gütermärkte gelten. Auf der Nachfrageseite sind sie durch subjektive, in die Zukunft gerichtete Erwartungen bestimmt, die durch keinerlei reale Schranken ausgebremst werden. Auf der Angebotsseite befeuert das unbegrenzte Kreditschöpfungspotential des Bankensystems, das ebenfalls über keinen realwirtschaftlich indizierten Anker verfügt, die Euphorie auf den Vermögensmärkten zusätzlich an.

Die Notenbanken hatten ihre Hauptaufmerksamkeit auf die Stabilisierung des Güterpreisniveaus gerichtet, um den Inflationsgefahren zuvorzukommen. Dabei haben sie offensichtlich die Relevanz unterschätzt, die der Anstieg der Vermögenspreise für die Stabilität des Finanzsystems hat.

(3) Die Finanzsphäre ist beherrscht von institutionellen Anlegern, nämlich Großbanken, Versicherungskonzernen und anonymen Beteiligungsgesellschaften. Kleinaktionäre und Einzelunternehmer sind in der Minderheit. Während für sie die strenge Kopplung von Gewinnchancen und Verlustrisiken gilt, dass nämlich marktförmige Entscheidungen belohnt und marktwidrige Entscheidungen mit dem Verlust des Einkommens und Vermögens bestraft werden, ist eine solche Haftungsregel in den modernen Kapitalgesellschaften weithin außer Kraft gesetzt. Diese Haftungsbeschränkung hat eine ambivalente Wirkung. Sie bietet die Grundlage einer außergewöhnlichen wirtschaftlichen Dynamik. Aber sie verleitet auch zu gewagten Operationen, die es ermöglichen, sich überdurchschnittliche Gewinne privat anzueignen und auftretende Verluste auf die Allgemeinheit abzuwälzen.

(4) Die Investmentbanken haben nun diese Möglichkeit der Haftungsbeschränkung extrem überzogen. Sie haben mit einer äußerst niedrigen Eigenkapitalbasis operiert. Mit Hilfe der Hebelwirkung des Fremdkapitals und einer waghalsigen Inanspruchnahme der Fristentransformation, die darin besteht, dass langfristige Engagements durch kurzfristige Kreditaufnahmen refinanziert werden, konnten sie ihr Geschäftsvolumen um das 22-33fache ausdehnen und Eigenkapitalrenditen von 25-40 Prozent vor Steuern erzielen. Eine derartige Unterkapitalisierung war mit überhöhten Risiken für die Bank, die Gläubiger und die Allgemeinheit verbunden. Erst recht sind außerdem systemische Risiken dadurch entstanden, dass sich die Banken von den Kapitalmärkten haben kontaminieren lassen, indem sie riskante Finanzgeschäfte in Zweckgesellschafen auslagerten, die der öffentlichen Aufsicht und Kontrolle nicht unterlagen.

(5) Der weitgehende Ausschluss der Haftung der Investmentbanken, ihre Unterkapitalisierung und die Ausschüttung hoher Dividende sind noch durch die internationalen Vor-

Abgrund geschaut
Parteispenden sind vorenthaltene Löhne (Beifall)
Nicht Anpassung, sondern Schieflage ausgleichen.
Jeder hat das Recht als Gleicher anerkannt zu werden
Ökolog. Umbau
Was sind Werte? Was ist Verantwortung?
Allg. verbindl. Regeln als Normen d. Gerechtigkeit – was ist Gerechtigkeit – Chancengleichheit
Gleichheit ist nicht Identität (Bsp. Zwillinge)
WEIMAR
Friedhelm Hengsbach SJ.
Weimar, 14.08.10

schriften der Rechnungslegung erleichtert worden. Die Aktiva der global operierenden Banken mussten nach dem aktuellen Marktpreis (fair value) bilanziert werden. Die in Deutschland geltenden Grundsätze der vorsichtigen Bilanzierung nach dem Niederst- bzw. Anschaffungswert waren außer Kraft gesetzt. (6) Die weltweit renommierten Rating-Agenturen sind zwar bloß private Großunternehmen, börsennotierte Aktiengesellschaften, deren Mitarbeiterinnen und Mitarbeiter sich als Journalisten verstanden, ohne einem öffentlichen Auftrag unterstellt zu sein. Aber sie konnten immer mit einer hohen öffentlichen Akzeptanz und staatlicher Anerkennung rechnen, wenn sie die Wertpapiere und Derivate sowie deren Emittenten mit Hilfe eines differenzierten Notensystems einstuften. Dass sie dennoch das Gift, das in den riskanten Papieren steckte, nicht oder zu spät erkannten, ist nicht verwunderlich, solange sie ihre Kunden gegen Gebühr bei der Strukturierung der Wertpapiere beraten und gleichzeitig die vorgeschriebene Bonitätsprüfung selbst vornehmen durften.

3. Der Staat als Retter

Die Nationalstaaten haben die Rolle, als Retter der Banken aufzutreten. bereitwillig und schnell übernommen. Aber ist der Staat Retter aus der Krise oder eher deren Bestandteil?

3.1 Umbau des Rheinischen Kapitalismus

Ein führender Vertreter der Deutschen Bank stellte zu Beginn des Jahrhunderts die provozierende Frage, ob die Finanzmärkte quasi die fünfte Gewalt in der Demokratie seien. Seiner Meinung nach könnten die täglichen millionenfachen Entscheidungen der Anleger den Regierenden besser, als vierjährige Parlamentswahlen dazu in der Lage sind, sensible Signale geben, was vernünftige Wirtschaftspolitik sei – nämlich Löhne, Sozialabgaben und Steuern senken, die Gewerkschaften zähmen und möglichst wenig umverteilen. Offenbar haben sich nationale Regierungen solche Parolen zu eigen gemacht und begonnen, den „Rheinischen Kapitalismus", wie Michel Albert die Soziale Marktwirtschaft in Deutschland als ein Musterbeispiel des kontinentaleuropäischen Wirtschaftsstils charakterisiert, in Richtung eines angelsächsischen Finanzkapitalismus umzubauen.

Der Rheinische Kapitalismus zeichnet sich durch eine wirtschaftspolitische Kooperation zwischen der Regierung, Wirtschaftsverbänden, Gewerkschaften und zivilgesellschaftlichen Bewegungen sowie dadurch aus, dass zwischen Banken und Unternehmen intensive persönliche und finanzielle Verflechtungen bestehen. Diese sind zwar relativ überschaubar, wurden jedoch von vielen als inzwischen verkrustet angesehen. Außerdem wurden die Unternehmen als ein Personenverband begriffen. Ein solcher Personenverband umschließt die Gruppen der Belegschaften, der Kapitaleigner und der Vertreter der öffentlichen Hand, also Kommunen oder staatliche Organe. Die Manager der Unternehmen stellen zwischen den verschiedenen Gruppen einen Interessenausgleich her. Und schließlich sicherten die Tarifautonomie sowie umlagefinanzierte, solidarische Systeme eine relativ ausgewogene Einkommens- und Vermögensverteilung sowie den Schutz gegen gesellschaftliche Risiken.

Der angelsächsische Finanzkapitalismus lässt sich vergleichsweise so charakterisieren: Die Wertpapiermärkte sind dominant. Sie gelten als anonym und effizient, während institutionelle Anleger: Großbanken, Versicherungskonzerne, Investmentgesellschaften und Finanzinvestoren die Szene beherrschen. Sie werden Intermediäre genannt, weil sie zwischen den Aktionären und den Zielunternehmen vermitteln. Die Unternehmen gelten in erster Linie als Kapitalanlage in den Händen der Aktionäre. Sie werden unmittelbar oder mittelbar von ihnen gekauft, im Wert gesteigert und danach verkauft. Sie werden bewertet und gesteuert ausschließlich durch eine Finanzkennziffer, den „shareholder value". Diesen kurzfristig ausgerichteten Wert zu maximieren, ist das Ziel der Geschäftspolitik der Unternehmensleitung. Er spiegelt sich, so wird unterstellt, im Aktienkurs der jeweiligen Unternehmen. Nun ist der shareholder value der Saldo zukünftiger Zahlungsströme, ein Erwartungswert. Er kann ein

Fantasiewert sein, der sich aufgrund von Gerüchten bildet. So kann ein Teufelskreis entstehen, der aus den Zahlen, die von den Managern vierteljährlich präsentiert werden, der subjektiven Inszenierung einer blühenden unternehmerischen Zukunft, den Aktienkursen, die kollektive Erwartungen im Herdenverhalten spiegeln, und den Vergütungen der Manager entsteht. Diese virtuelle Welt, die während der Blütezeit der „New Economy" bereits vorgespiegelt worden war, hat sich während des ersten Jahrzehnts dieses Jahrhunderts großflächig ausgebreitet. Manager stehen nicht mehr im Dienst von Belegschaften oder Kunden oder der öffentlichen Hand, so dass sie bestrebt wären, die Wertschöpfung zu erhöhen, Kundenwünsche zu bedienen sowie Steuern zu entrichten. Sie bedienen einzig und allein die Interessen der Aktionäre.

3.2 Kooperative Geisel

Der Druck der Finanzunternehmen und der politischen Öffentlichkeit auf die politischen Entscheidungsträger war so massiv, dass diese die Rolle kooperativer Geiseln übernommen haben. Die rot-grüne Koalition hat einen Finanzförderplan beschlossen, um den Finanzplatz Deutschland wettbewerbsfähig zu machen und den Rückstand gegenüber New York und London aufzuholen. Finanzinvestoren wurden privilegiert behandelt, die Gewinne der Banken aus dem Verkauf ihrer Industriebeteiligungen blieben steuerfrei, Hedge-Fonds ebenso wie Zweckgesellschaften modifiziert zugelassen.

Beim Ausbruch der Krise reagierten die Regierenden im Sog der apokalyptischen Dramaturgie, die von den Großbanken und der Bankenaufsicht inszeniert wurde. Sie sprachen von einem „Abgrund", in den sie geschaut hätten, dass „alle Spatzen tot sind, wenn der Himmel einstürzt", und dass, „wenn es brennt, das Feuer gelöscht werden muss, auch wenn Brandstiftung die Ursache war". Aber auch im Nachhinein unterblieb eine präzise Spurensicherung, welche Finanzunternehmen mit welchem Anteil zu der angeblich drohenden Kernschmelze beigetragen, welche Manager grob fahrlässig oder vorsätzlich gehandelt oder

Treuepflichten grob verletzt hätten? Die Rettungsmaßnahmen wurden unter weitgehendem Ausschluss des Parlaments und der Öffentlichkeit beschlossen, obwohl weder das Parlament noch die demokratischen Entscheidungsverfahren einem Bankgeheimnis unterstehen. Warum kann einer Bank das Insolvenzverfahren nicht zugemutet werden? Weil sie systemrelevant ist? Wenn sie systemrelevant ist, ist sie zu groß. Dann gehört nicht die Fusion mit einer anderen Großbank, sondern deren Zerlegung zum politischen Rettungspaket.

4. Ein wirtschaftsdemokratischer Aufbruch

Die Episode der unilateralen Hegemonie der USA und des US-Dollar neigt sich dem Ende zu. Sie hatte sich nach dem Zusammenbruch des real existierenden Sozialismus als „pax americana" etabliert, wurde jedoch bereits innerhalb des ersten Jahres durch einen kriegerischen Konflikt dieser Führungsmacht eröffnet. Seitdem haben sich in Europa, Südostasien und Lateinamerika ansatzweise multipolare Wirtschafts- und Währungsregime herausgebildet, die bereits ansatzweise den Alleinvertretungsanspruch der USA tendenziell zurückdrängen konnten. Die regelmäßigen Gipfeltreffen der Gruppe der sieben bzw. acht stärksten Wirtschaftsnationen waren eine Zwischenstufe zur globalen Koordination der nationalstaatlichen wirtschaftspolitischen Optionen. Nun ist dieser Club formell zur Gruppe der zwanzig entwickelten Staaten und Schwellenländer erweitert worden. Diese Formation beansprucht, in Zukunft für die Stabilisierung der Finanzmärkte zuständig zu sein, kann wohl als ein Signal dafür gedeutet werden, dass die aufstrebenden Länder, zumindest die Schwellenländer stärker an den Entscheidungen, deren Folgen sie zu tragen haben, beteiligt.

4.1 Die Gipfeltreffen der G 20

Auf dem Gipfeltreffen der G 20 in London sind erste Maßnahmen, den Flächenbrand zu löschen, beschlossen worden: Alle system-relevanten Finanzgeschäfte, Finanzunternehmen und Finanz-plätze sollen einer wirksamen öffentlichen Aufsicht und Kontrolle unterworfen werden. Globale Standards sollen sichern, dass die Höhe und Qualität von Eigenkapitalquoten verbessert werden, die Bilanzierung risikobewusst erfolgt und die Hebelwirkung der Fremdfinanzierung eingeschränkt wird. „Renovierungs-Arbei-ten", die über bloße Reparaturleistungen hinausgehen, bestehen in der Aufwertung des Forums für Finanzstabilität und des Inter-nationalen Währungsfonds sowie in den Regeln einer risikobe-wussten Bilanzierung.

Die Gipfelbeschlüsse der G 20 in Pittsburgh enthalten darüber hinaus konkrete Regulierungsvorschläge, die einem weiteren Flächenbrand vorbeugen sollen. Allerdings wird den Vergütungs-regeln für Manager ein unverhältnismäßig hohes Gewicht beige-messen. Die Banken sollen sich an höheren Eigenkapitalquoten als Risikopuffern orientieren. Außerdem soll eine Kennziffer formu-liert werden, die den Verschuldungsgrad begrenzt. Bilanzierungs-regeln sollen einheitlich gelten. Abgeleitete Finanzgeschäfte (Derivate) sollen nicht mehr direkt zwischen den Marktpartnern, sondern an der Börse gehandelt werden. Gegen Steueroasen soll gemeinsam vorgegangen werden. Die G 20 werten sich zum ober-sten Forum der internationalen wirtschaftlichen Zusammenarbeit auf und den IWF zur Kontrollinstanz der Weltwirtschaft. Ein Ausgleich der globalen Ungleichgewichte ist angestrebt.

4.2 Normativer Neustart

Die finanzwirtschaftlichen Reparatur- und Renovierungsarbeiten sowie die politischen Maßnahmen sind umso wirksamer, je mehr sie von finanz- und wirtschaftsethischen Reflexionen inspiriert werden. Drei Kandidaten solcher Inspirationen, die sich zu einem solchen Zusammenspiel anbieten, sollen auf ihre Eignung geprüft werden.

(1) Wertebindung

Kulturkritiker, die unablässig den allgemeinen Werteverlust beklagen, melden sich als erste zu Wort, um zu erklären, dass einzig die Besinnung auf herkömmliche Werte den Ausweg aus der Krise erschließe.

So meldet auch der Koalitionsvertrag der schwarz-gelben Regierung hohe Erwartungen an eine Belebung der Werte an. Darin findet sich 80-90mal eine begriffliche Kombination, die dem Wortfeld „Werte" zuzuordnen ist. Die Regierungskoalition handelt auf der Grundlage gemeinsamer Werte, wird zugesagt. Sie orientiert sich an den Maßstäben der Freiheit in Verantwortung, Leistungsbereitschaft, Solidarität, Toleranz, Fairness, Heimatverbundenheit und Weltoffenheit. Familien und Lebensgemeinschaften, in denen Menschen dauerhaft füreinander einstehen und Verantwortung übernehmen, leben Werte, die für die Gesellschaft grundlegend sind. Die Wertegrundlagen unserer Gesellschaft sind die konstitutiven Werte der freiheitlich-demokratischen Grundordnung, das freiheitlich-demokratische Werteverständnis, die Grundwerte einer pluralen Gesellschaft. In dem Kapitel über die „Bildungsrepublik" wird festgestellt, dass Bildung und Erziehung Werte brauchen, aber auch ein Wertebewusstsein schaffen. Wertegebundene Erziehung dämmt Extremismus, Antisemitismus und Jugendgewalt ein. Die Erziehungsverantwortung der Eltern und der Schule ist werteorientiert, sie zielt auf die Grundwerte einer pluralen Gesellschaft, nämlich die freie Entwicklung der Person. Gemeinsame Werte spielen auch im internationalen Kontext eine Rolle. Die Außen- und Entwicklungspolitik ist wertegebunden, allerdings auch interessengeleitet. Deutschland, Lateinamerika und die Karibik bauen auf gemeinsamen Werten auf.

Der Ruf nach Wertebindung lässt zugleich die Grenzen dieses sozialethischen Argumentationsmusters erkennen. Während in der Sozialphilosophie Platons eine Idealwelt der Werte des schlechthin Wahren, Guten und Schönen angenommen wird, ist der modernen Philosophie eine derartige Wertemetaphysik fremd. Max Weber gilt als der Gewährsmann einer wissenschaftlichen Methodik, die der Welt der Tatsachen das Universum der

Werte gegenüber stellt. In der Folgezeit wurden die beiden Sphären strikt getrennt. Die moderne Philosophie stellt die Beziehung von Werten zum wertenden Subjekt heraus: Werte existieren nicht unabhängig von der Wahrnehmung dessen, der sie bewertet. Werte haben also eine subjektive Konnotation. Als ein Wert kann bezeichnet werden, was ein Mensch sich wünscht, was er mag, was ihn interessiert, wer oder was ihn bewegt, anzieht oder eine Ausstrahlung auf ihn ausübt, sein Handeln orientiert. Was kann demnach wertvoll sein? Alles, was von Menschen als wertvoll angesehen wird – was Spaß macht, was anregt, als attraktiv empfunden wird – etwa Schokoladeneis zu essen, Sport zu treiben, gesund zu werden, die Wahrheit zu suchen, die Liebe und Freundschaft eines anderen Menschen zu gewinnen, den Kampf für Gerechtigkeit und gegen Korruption aufzunehmen. Und wer bestimmt nun, was wertvoll ist? Etwa die menschliche Natur, die Religion oder die politische Klasse? Werte sind etwas Subjektives und Singuläres. Die einzelne Person bestimmt als erste, was für sie ein Wert ist. Aber auch partikuläre Kommunikations- und Lebensgemeinschaften können sich über gemeinsame Werte verständigen. Dennoch bleibt ihre Anerkennung singulär, auf solche Gemeinschaften beschränkt. Sie lassen sich nicht für alle Mitglieder einer pluralen Gesellschaft als verbindlich deklarieren.

(2) Prinzip Verantwortung

Verantwortung ist durch 1Hans Jonas zum Schlüsselwort einer Überlebensethik der technischen Zivilisation geworden. Dieser wollte den Blick auf eine pragmatische Abschätzung der zukünftigen Folgen wirtschaftlicher Entscheidungen lenken, die fast ausschließlich auf die Gegenwart beschränkt waren. Verantwortung übernehmen heißt, für die beabsichtigten und vorhersehbaren Folgen des eigenen Handelns einzustehen. Allerdings kann nur derjenige Verantwortung übernehmen, dem sich echte Handlungsmöglichkeiten eröffnen. Von Antoine de Saint-Exupéry stammt der vertraute Satz: „Du bist zeitlebens verantwortlich für das, was du dir einmal vertraut gemacht hast".

Der Begriff der Verantwortung ist ursprünglich an die Selbstauslegung individueller Subjekte gekoppelt. Diese „Singularisierung" der Verantwortung stößt jedoch an eine dreifache Grenze: Zum einen engen ökonomische und gesellschaftliche Verhältnisse, die als unumstößlich erachtet werden, den Handlungsspielraum des einzelnen erheblich ein. Zum andern ist die Reichweite individueller Verantwortung in komplexen Handlungssystemen nicht deckungsgleich mit den Rückwirkungen und Nebenfolgen der Entscheidungen, die unerwartet und unbeabsichtigt in entfernten Handlungsfeldern auftreten. Und schließlich kann die Übernahme persönlicher Verantwortung in therapeutische Überbetreuung und pädagogische Bevormundung entarten.

Deshalb ist es sinnvoll, den fürsorglichen Begriff der individuellen Verantwortung füreinander in den partizipativen Begriff gesellschaftlicher Verantwortung miteinander umzuformen. Wer sich für andere interessiert, wird deren „Rederecht" anerkennen und nicht ersetzen. Wer sich die Sache anderer zu eigen macht, wird ihre Beteiligung ermöglichen und nicht überflüssig machen. Der Begriff spiegelt das Bewusstsein, dass die Menschen in einer offenen Welt leben, dass ökonomische und politische Systeme einen geschichtlichen Ursprung haben, dass die Menschen dialogische Lebewesen sind und sich wechselseitig in die Verantwortung rufen.

Welches Subjekt gemeinsamer Verantwortung kann in einer kapitalistischen Marktwirtshaft ausfindig gemacht werden? Der Einzelunternehmer, der bloß „Mengenanpasser" ist, hat nur geringe Handlungsspielräume im Vergleich zu einem marktbestimmenden Unternehmen, das die Spielregeln, denen es unterworfen ist, mitbestimmen oder gar souverän gestalten kann. Er muss sich dem Druck des Wettbewerbs beugen. Die heroische Außenseiterrolle eines gutwilligen Unternehmers, der überdurchschnittliche Löhne zahlt oder besonders nachhaltig wirtschaftet, während alle anderen Marktteilnehmer sich an die Mindeststandards halten, hätte allzu oft das Ausscheiden aus dem Markt zur Folge.

Die Wahrnehmung unternehmerischer Verantwortung in den Dimensionen des Markterfolgs, des respektvollen Umgangs mit den Mitarbeiterinnen und Mitarbeitern sowie der gesellschaftlichen Einbindung ist weithin vom freien Ermessen und vom guten Willen der Unternehmensleitung abhängig. Die Orientierung am allgemeinen Interesse und die Bindungswirkung bleiben defizitär. Kann eine umfassende Bindungswirkung, die über die Aufnahme in eine Liste „guter Beispiele" (best practices) hinausgeht, überhaupt anders als durch allgemein verbindliche Regeln zustande kommen?

(3) Allgemein verbindliche Regeln

Selbstbindungen nach freiwilligem Ermessen ohne einen rechtlichen Rahmen und eine sanktionsbewehrte Ordnung garantieren kein nachhaltiges, also im Ganzen und auf Dauer vernünftiges Wirtschaften gemäß dem Standpunkt der Allgemeinheit und der Unparteilichkeit (the moral point of view). Nur ein solches Handeln kann als moralisch vertretbares Handeln anerkannt werden.

Wer formuliert solche allgemein verbindliche Regeln und setzt sie fest? Herkömmlicherweise würde dem Staat diese Aufgabe zustehen, weil er das allgemeine Interesse gegen die partikulären Interessen mächtiger Gruppen durchsetzen soll. Nun ist der moderne Staat nicht mehr der hoheitliche Wächter über ein zeit- und raumübergreifendes Gemeinwohl. Vielmehr sind die drei Akteure des Staates, nämlich das Parlament, die Regierung und die Rechtsprechung, wie Knoten in einem Netzwerk politischer Akteure, zu denen auch marktbeherrschende Konzerne, Banken, Wirtschaftsverbände und Gewerkschaften sowie zivilgesellschaftliche Bewegungen gehören. Welche allgemein verbindlichen normativen Regeln gelten sollen, kann weder von außen noch von oben diktiert, sondern sollte in einem gesellschaftlichen Verständigungsprozess ermittelt werden. Wollte der Staat eigenmächtig solche Regeln vorschreiben, würden die privatwirtschaftlichen Akteure bestrebt sein, sie zu unterlaufen. Um ein solches „Regulierungsparadox" zu vermeiden, scheint ein öffentlich-privates Zusammenspiel bei der Regulation vertretbar, sofern der Staat nicht über den Tisch gezogen wird. Die vereinbarten normativen Regeln sollten eine grundsätzliche Antwort auf die Situation sein, die als gesellschaftliche Herausforderung beurteilt wird. Sie kann entweder als Anpassung an die Situation oder als kritischer Gegenentwurf formuliert werden. Ist die Gerechtigkeit eine solche allgemein verbindliche gesellschaftliche Norm? Ist es vertretbar, sie in einer Situation wachsender vertikaler Ungleichheit, Polarisierung und Spaltung der Weltgesellschaft als Gleichheitsvermutung zu definieren?

Wer die Gerechtigkeit an erster Stelle als Gleichheitsvermutung behauptet, hat sich gegen starke Einwände zu wehren, dass etwa die Gesellschaft nicht die Eigentümerin eines verborgenen Reservoirs sei, aus dem sie alle individuellen Kompetenzen schöpfen könne. Dass die Verfechter des Gleichheitsgrundsatzes irrten, wenn sie meinen, eine aufwendige staatliche Bürokratie könnte die Gleichheit der Bürgerinnen und Bürger herstellen. Denn sie trieben die weniger Talentierten, die sie an dem Rennen um gesellschaftliche Positionen beteiligen, bloß in eine aussichtslose Aufholjagd, die auf einen Ausgleich zielt, der nie erreicht wird. Und dass die Gesellschaft kein Mandat habe, das ihr gestattet, das Schicksal oder die Schöpfung, die eine unübersehbare Vielfalt hervor gebracht haben, zu korrigieren.

Der empirische Begriff der Gleichheit meint indessen nicht Identität: Selbst Zwillinge sind gleich, aber nicht identisch. Menschen mögen qualitativ in einem Merkmal übereinstimmen, während sie in einer Vielzahl anderer Merkmale voneinander abweichen. Es kommt jeweils darauf an, zu unterscheiden, in welcher Hinsicht zwei Personen sich gleichen und in welcher Hinsicht sie sich unterscheiden – hinsichtlich musischer Talente, technischer Begabung, Kleidung, Hautfarbe oder der Herkunft aus derselben Region. Die Juristen formulieren es so: Gleiches soll gleich, Ungleiches ungleich behandelt werden. Die Gewerkschaften fordern gleichen Lohn für gleiche Arbeit. Gleichheit heißt also verhältnismäßige Gleichheit.

Moralische Gleichheit besagt, dass jede Person einen moralischen Anspruch darauf hat, mit der gleichen Rücksicht und Achtung behandelt zu werden wie jede andere. Sie ist von einem Standpunkt der Unparteilichkeit und der Allgemeinheit als autonomes Lebewesen zu achten und als Gleiche – nicht gleich – zu behandeln.

Der Grundsatz moralischer Gleichheit schließt reale Ungleichheiten der Güterausstattung, der Zugangsrechte und der Machtpositionen nicht aus. Aber er bildet einen kritischen Maßstab, der ihre relativen Grenzen in drei Dimensionen markiert: Erstens sollten solche Ungleichheiten sich durch Gründe rechtfertigen lassen, die in persönlichen Leistungen, beruflicher Verantwortung und gesellschaftlichen Funktionen verankert sind, nicht aber in sexistischen Rollenmustern, im Einkommen und Vermögen oder im Herkommen und Wohnumfeld der Eltern. Zweitens sollte sich eine allgemeine Chancengleichheit nicht in formal gleichen Startbedingungen erschöpfen. Denn ungeachtet unterschiedlicher Talente und Anstrengungen sollten die Individuen neben den gleichen Startchancen für den Lauf auch die gleichen Erfolgschancen während des Laufs behalten, indem die Zufallsergebnisse der natürlichen und gesellschaftlichen Lotterie fortlaufend und real ausgeglichen werden. Und drittens sollten demokratische Gesellschaften eher dazu neigen, mit den Schwächen individueller Verantwortung und fahrlässig gewählter Lebensstile nachsichtig umzugehen. Denn natürliche Beeinträchtigungen, die durch fahrlässiges Verhalten verursacht wurden, lassen sich selten trennscharf gegen soziale Benachteiligungen abgrenzen, die durch gesellschaftliche Verhältnisse bedingt sind. Folglich kann der Grundsatz moralischer Gleichheit in diesen drei Dimensionen formal als eine gesellschaftliche Verpflichtung gelesen werden, gesellschaftliche Verhältnisse und insbesondere wirtschaftliche Ungleichheiten gegenüber denjenigen zu rechtfertigen, die am schlechtesten gestellt sind. Ihnen sollte eine Art „Vetorecht" zukommen, wenn bestimmt wird, bis zu welchem Grad Ungleichheiten der Einkommen und Vermögen als mit dem Grundsatz moralischer Gleichheit vereinbar gelten.

4.2 Sozio-ökonomischer Neustart

Das real existierende Wirtschaftssystem in Deutschland wird gern als Soziale Marktwirtschaft bezeichnet. Dabei handelt es sich eher um eine große Erzählung als um eine zutreffende sozio-ökonomische Analyse. Oswald von Nell-Breuning sprach deshalb von einem sozial temperierten Kapitalismus. Er unterschied dabei zwischen einem wertneutralen ökonomischen Funktionsgerüst und einem moralisch verwerflichen gesellschaftlichen Machtverhältnis. Wertneutral sind der marktwirtschaftliche Wettbewerb, die elastische Geldversorgung, der kapitalintensive Technikeinsatz aus vorgeleisteter (fremder) Arbeit und die vorwiegend privatautonome Organisation der Unternehmen. Moralisch verwerflich sind die Asymmetrien gesellschaftlicher Machtverhältnisse. In der kapitalistischen Wirtschaft kooperieren nämlich zwei gesellschaftliche Gruppen miteinander – eine Minderheit, der die Produktionsmittel gehören bzw. die darüber verfügt, sowie eine Mehrheit, die bloß über ein Arbeitsvermögen verfügt, das sie auf dem Markt anzubieten und zu verkaufen gezwungen ist, um den Lebensunterhalt zu bestreiten. Die Eigentümer der Produktionsmittel sind auf fremde Arbeit angewiesen, denn ohne deren Beteiligung lassen sich die Produktionsmittel nicht rentabel verwerten. Koordiniert werden die beiden gesellschaftlichen Gruppen über den so genannten freien Arbeitsvertrag, der indessen ein ungleicher Vertrag ist, weil die Vertragspartner nicht auf gleicher Augenhöhe verhandeln. Die Schieflage der Verhandlungsposition setzt sich im Unternehmen darin fort, wie in einem arbeitsteiligen Produktionsprozess die Weisungsbefugnis und die Pflicht zur Unterordnung konkret ausgestaltet sind. Auf den Gütermärkten lässt sich häufig eine Asymmetrie zwischen dem Angebot organisierter Produzenten und der Nachfrage atomisierter Konsumenten feststellen. Und an der Nahtstelle zwischen der monetären und realwirtschaftlichen Sphäre verfügen die Banken über ein unbegrenztes Kreditschöpfungspotential, mit dessen Hilfe sie das Niveau und die Richtung des Produktionsprozesses steuern. Der sozio-ökonomische Neustart bezieht sich vor allem auf zwei Marktsphären.

(1) Eine globale Finanzarchitektur

Für einen monetären Neustart unverzichtbar ist erstens die Anerkennung der Funktion des Geldes als eines öffentlichen Gutes und des daraus folgenden öffentlichen Mandats der Banken, das Geld- und Kreditschöpfungspotential nicht bloß im privaten Renditeinteresse einzusetzen, sondern immer auch im allgemeinen Interesse, also vorrangig im Dienst der Realwirtschaft, zum Wohl aller Gesellschaftsmitglieder und besonders der am meisten benachteiligten Gruppen.

Über die architektonischen Absichten der Gipfelbeschlüsse der G 20 in London und Pittsburgh hinaus, deren erster Schritt eines globalen Regierens ohne Regierung („Global Governance") unbestritten ist, würde ein monetärer Neustart zweitens bedeuten, dass die angeblich innovativen Finanzprodukte einem öffentlichen „Finanz-TÜV" unterworfen und in eine Art „Positiv-Liste" aufgenommen werden, bevor sie in die Finanzströme einmünden. Die Eigenkapitalquoten sollten nach dem präzisen Kriterium differenziert werden, dass Kredite, die der Finanzierung von (spekulativen) Finanzanlagen dienen, mit einer höheren Quote zu unterlegen und verschärften Haftungsregeln zu unterwerfen sind als solche Kredite, die vergeben werden, um reale Investitionen zu finanzieren. Die Bilanzierung gemäß dem Marktwertprinzip sollte aufgegeben werden, weil der Grundsatz der vorsichtigen Rechnungslegung gemäß dem Anschaffungswert höhere Stabilität bietet. Spekulative Finanzgeschäfte sollten besteuert werden. Der US-Dollar sollte als alleinige Reservewährung abgelöst werden. Der IWF könnte dabei in die Rolle einer Weltzentralbank hineinwachsen. Diese würde über eine Art Weltgeld verfügen und die Rolle eines Kreditgebers der letzten Instanz übernehmen. Regionale Währungsräume und ein multipolares Weltwährungssystem könnten als eine Zwischenstufe angesehen werden. Innerhalb der Währungsräume können Transferleistungen aus dem Zentrum in die Peripherie für einen monetären Ausgleich sorgen, außerhalb solcher Währungsräume kann eine moderate Wechselkurspflege stabilisierend wirken. Schließlich sollten die globalen Ungleichgewichte abgebaut werden, weil sie extreme und strukturelle Gläubiger- und Schuldnerpositionen erzeugen. Der IWF sollte gleichzeitig in die Lage versetzt werden, Strafzahlungen zu erlassen, damit auch die Gläubigerländer sich an der Ausbalancierung der Leistungsbilanzen beteiligen.

Die Gruppe der acht mächtigsten und wirtschaftlich führenden Länder um zwölf Clubmitglieder zu erweitern, ist zwar begrüßenswert, entspricht aber drittens noch nicht dem Grundsatz einer globalen Fairness, die gerade diejenigen Ländern an den finanzpolitischen Entscheidungen beteiligt, von denen sie am stärksten betroffen sind. Diese wird nämlich nicht schon dadurch erreicht, dass die Staaten dem IWF „für die Armen in der Welt" ein erweitertes Kreditvolumen zur Verfügung stellen. Diese Finanzmittel werden nämlich allenfalls kreditwürdigen Ländern gewährt, zu denen die ärmsten Länder kaum gehören. Folglich gehört die selten hinterfragte monetäre Globalisierungsoption auf den Prüfstand. Die von den Vereinten Nationen proklamierten „Rechte der Völker" sollten sich in deren finanz- und währungspolitischer Autonomie verkörpern. Diese genießt Vorrang gegenüber dem Einfluss globaler Finanzmärkte auf das eigene Finanzregime und den Attacken internationaler Finanzjongleure gegen die eigene Währung. Solche destruktiven Einwirkungen sollten Länder, die eine schwächere Position auf den Weltmärkten haben, mit Kapitalverkehrskontrollen abwehren können. Eine anerkannt erfolgreiche, im 19. Jahrhundert von Friedrich Wilhelm Raiffeisen, aktuell von Muhammad Yunus angestoßene wirtschaftliche Entwicklung knüpft an die Existenz von Mikrobanken an, die landwirtschaftliche Betriebe, gewerbliche Industrien und lokale Dienstleistungsfirmen miteinander vernetzen – finanziell und kooperativ. Der Aufbau einer nationalen Finanzwirtschaft sowie eines funktionsfähigen Bankensystems unter Einschluss einer Zentralbank würde am Ende „gekrönt" durch die grenzüberschreitende Öffnung eines solchen nationalen Finanzregimes.

(2) Realwirtschaftliche Belebung

Die Gipfelkonferenzen der G 20 scheinen im Unterschied zu den Prioritäten, die in Deutschland gesetzt worden sind, der Belebung eines gleichgewichtigen globalen Wachstums den Vorrang vor der bloßen Stabilisierung des Finanzsystems eingeräumt zu haben. Nun kommt eine solche realwirtschaftliche Belebung nicht allein dadurch zustande, dass beispielsweise das Arbeitslosengeld oder die Kurzarbeit verlängert, die Regelsätze von Hartz IV sowie der Kinderbonus erhöht werden und eine Rentenanpassung nach unten ausgeschlossen bleibt, die infolge der Anlehnung an die Lohnentwicklung fällig wäre. Dies sind nämlich reine Sanitätsleistungen. Die international verbreitete Abwrackprämie für Autos ist beispielsweise ein reiner Samariterdienst für eine Autoindustrie, um die reife Industriegesellschaften immer noch zentriert sind.

Eine realwirtschaftliche Belebung wird derzeit immer noch durch jene Mythen durchkreuzt, dass ein Lohnverzicht Arbeitsplätze schaffe, dass die Tarifverträge eine Vereinbarung zu Lasten der Arbeitslosen und der Allgemeinheit seien, dass Niedriglöhne einen höheren Beschäftigungsgrad erzeugen oder dass Arbeit eine Ware wie jede andere sei und folglich den Regeln von Angebot und Nachfrage unterliege.

Eine höhere Beschäftigungswirkung lässt sich erreichen, wenn die Barrieren, die einmal gegen die Kommerzialisierung der Arbeit errichtet worden sind, wieder gefestigt werden – erstens der Flächentarifvertrag, der das herausragende Medium einer relativ ausgewogenen Verteilung von Einkommen und Vermögen ist. Zweitens das individuelle Arbeitsrecht, das als Schutzrecht im Dienst der abhängig Beschäftigten eingerichtet worden ist. Und drittens eine solidarische umlagefinanzierte Absicherung gesellschaftlicher Risiken, die Beiträge nach der Leistungsfähigkeit stuft und den Hilfebedarf an der konkreten Notlage ausrichtet. Wenn diese durch Beiträge der Erwerbstätigen allein nicht finanzierbar ist, sollten alle Bürgerinnen und Bürger in die Solidargemeinschaft einbezogen und alle Einkommen im Geltungsbereich der Verfassung beitragspflichtig werden. So würde eine demokratische Solidarität aufgebaut.

Und schließlich sollte das Entscheidungsmonopol in kapitalistischen Unternehmen gebrochen und eine Unternehmensverfassung in Kraft gesetzt werden, die den Belegschaften, den Kapitaleignern und der öffentlichen Hand ein drittelparitätisches Recht auf Beteiligung an den unternehmerischen Entscheidungen garantiert. Erst wenn das asymmetrische Verhältnis der Entscheidungsmacht zugunsten einer ausgewogenen Machtverteilung auf all jene Gruppen überwunden ist, die sich im Unternehmen engagieren, kann die dem Finanzkapitalismus eigene betriebswirtschaftliche Logik beseitigt werden. Die unternehmerische Wertschöpfung würde dann auf alle Ressourcen, die in

Anspruch genommen werden, um sie zu erwirtschaften, fair verteilt.

Entstehung und Verteilung der unternehmerischen Wertschöpfung:

Quellen	Verteilung	Empfänger	Empfänger
Arbeitsvermögen	Lohn/Gehalt	Mitarbeiter/-innen	Kosten = min!
Naturvermögen	Umweltabgaben	Natürliche Umwelt	Kosten = min!
Gesellschaftsv.	Steuern/Beiträge	Staat	Kosten = min!
Geldvermögen	Zinsen	Anteilseigner	Gewinn = max!
	Reingewinn		

Die unternehmerische Wertschöpfung entsteht durch den Einsatz von vier typisierten Ressourcen, das Arbeits-, Natur-, Gesellschafts- und Geldvermögen. Deren Nutzung wird in Form von Löhnen und Gehältern, von Umweltabgaben, von Steuern und Beiträgen sowie von Zinsen (auf Eigen- bzw. Fremdkapital) entgolten. Die kollektiven Empfänger der Entgelte sind Mitarbeiterinnen und Mitarbeiter, die natürliche Umwelt, der Staat als Anwalt von Bildungs-, Gesundheitsgütern, von öffentlichen und privaten Vorleistungen sowie die Anteilseigner bzw. Gläubiger. Gemäß der Verteilungsregel einer kapitalistischen Marktwirtschaft, die durch das primäre Machtgefälle von Kapital und abhängiger Arbeit bestimmt ist, werden drei Faktoren als Kosten definiert und mit einem möglichst niedrigen Entgelt abgefunden, während der verbleibende Überschuss (Reingewinn) als das eigentliche Unternehmensziel definiert und folglich den Kapitaleignern zugewiesen wird. Die asymmetrischen Machtverhältnisse einer pluralen Klassengesellschaft bestimmen die Einkommensanteile der abhängig Beschäftigten, des Staates und der Gesellschaft sowie der natürlichen Umwelt an der wirtschaftlichen Wertschöpfung. Eine faire, nichtkapitalistische Verteilung dagegen setzt voraus, dass die unterschiedliche Bewertung der Wertschöpfungsanteile, die den jeweiligen Ressourcen zugewiesen sind (Kosten/Gewinn) sowie die daraus resultierenden Entscheidungsregeln („max!" oder „min!") aufgehoben werden.

Darin würde sich eine tendenziell egalitäre Aneignung der Wertschöpfung verkörpern.

3.3 Vitaler Neustart

Immer dann, wenn die Massenarbeitslosigkeit dramatisch ansteigt, erheben Endzeitprofeten ihre Stimme und verkünden das Ende der Arbeit. Sie zweifeln daran, ob am Ende dieses Jahrhunderts noch arbeitende Menschen gebraucht werden. Ein globaler Arbeitsmarkt unter Einschluss der Bevölkerungsmassen der dritten Welt lasse die menschliche Arbeit „billig wie Dreck" werden. Die Welt laufe auf einen „Kapitalismus ohne Arbeit" zu, Vollbeschäftigung sei eine sozialromantische Utopie, tatsächlich unerreichbar und zudem überflüssig. Wenn die abhängige Lohnarbeit in selbstbestimmte Tätigkeiten überführt wird, könne das Reich der Freiheit anbrechen. Um diesen Weg zu beschleunigen, biete sich ein bedingungsloses Grundeinkommen an, das jeder Person eine souveräne Entscheidung erlaube, eine angebotene Arbeit abzulehnen oder anzunehmen.

(1) Höhere Wertschöpfung und anders verteilte Arbeit

Dabei lebt die Mehrheit der Bevölkerung in den reifen Industrieländern unter ihren Verhältnissen. Immer noch sind viele vitale Bedürfnisse unbefriedigt, etwa ein eigenständiges Leben zu führen und die eigenen Lebensentwürfe zu realisieren, in gelingenden Partnerschaften, auch mit Kindern zu leben, die Alltagswelt im Einklang mit der Natur zu gestalten, angstfrei und flexibel über die verfügbare Zeit zu bestimmen, was dem Betrieb zu geben sei und was der Privatsphäre gehören soll. Gleichzeitig bleiben zahlreiche öffentliche Aufgaben unerledigt. Kindertagesstätten, Schulen und Hochschulen befinden sich in einem miserablen Zustand. Sie sind personell unterbesetzt, weil angeblich die Finanzmittel fehlen, diesen Mangel zu beheben. Bibliotheken, Schwimmbäder, Straßen, die Entsorgungskanäle verrotten. Kinderfreundliche Städte oder solche, die ein Zusammenleben mehrerer Generationen gestatten, bleiben ein Wunschtraum von Architekten und Stadtplanern. Gleichzeitig wird das Arbeitsvermögen junger Menschen, die kostbarste Ressource, über die eine Gesellschaft verfügt, verschlissen.

Um die Lebensverhältnisse der Bevölkerung zu verbessern ist deshalb eine Offensive zugunsten höherer Wertschöpfung und mehr Beschäftigung angemessen. Die reifen Industriegesellschaften könnten zusätzliche Beschäftigungsfelder durch einen ehrgeizigen ökologischen Umbau der Wirtschaft, insbesondere der herkömmlichen Verkehrssysteme, der Energiegewinnung und der Ernährungsweisen erschließen. An der Schwelle zum „Zeitalter des Arbeitsvermögens" sollten jedoch verstärkt die Arbeiten an den Menschen, also personennahe Dienste in den Bereichen der Bildung, Gesundheit, Kommunikation und Kultur ausgeweitet werden. Ein solcher Strukturwandel zur kulturellen Dienstleistungswirtschaft verlangt ein verstärktes Engagement des Staates, weil diejenigen Arbeiten an den Menschen, die als Grundrechtsansprüche anerkannt sind, nicht ausschließlich dem marktwirtschaftlichen Wettbewerb und der privaten Kaufkraft überlassen bleiben können. Die öffentliche Hand kann sich nicht von dem Mandat freikaufen, Grundgüter wie Arbeit, Mindesteinkommen, Gesundheit, Bildung, Mobilität und Kommunikation allen Mitgliedern der Zivilgesellschaft unabhängig von ihrer Kaufkraft zugänglich zu machen. Deshalb sind staatliche Investitionen, die private Aufträge nach sich ziehen, gerechtfertigt.

Nun ist die Beteiligung an der Erwerbsarbeit nicht der einzige Schlüssel gesellschaftlicher Integration und auch nicht die einzige beschäftigungspolitische Zielmarke. Neben der Erwerbsarbeit sind die private Beziehungsarbeit und das zivilgesellschaftliche Engagement gleich wichtig und gleichrangig. Folglich sollte sich die Gesellschaft nicht ausschließlich auf die Erwerbsarbeit fixieren. Dies wäre krankhaft. Da Frauen gleichgestellte und autonome Lebens- und Erwerbschancen für sich beanspruchen, ist es angemessen, dass Männer die überdehnte Identifizierung mit der Erwerbsarbeit relativieren und den ihnen zukommenden Teil an privater Betreuungsarbeit übernehmen. Darin könnten sie einen Gewinn an Lebensqualität entdecken. Die drei gesellschaftlich gleich notwendigen und nützlichen Arbeitsformen – die Erwerbsarbeit, die private Betreuungsarbeit und das zivilgesellschaftliche Engagement – sollten fair auf die beiden Geschlechter verteilt werden. Die finanzielle Absicherung könnte zum einen durch Arbeits- und Kapitaleinkommen, zum andern durch Transfereinkommen erfolgen. Ohne einen rigorosen Abschied vom patriarchalen Kapitalismus ist eine demokratische Aneignung des Finanzkapitalismus nicht denkbar.

(2) Vier Gleichgewichte gelingenden Lebens

Zwischen den öffentlichen Haushalten, die hoch verschuldet sind, und den privaten Haushalten, denen teilweise erhebliche Vermögen gehören, besteht ein großes Ungleichgewicht. Dem entspricht eine tendenzielle Unterversorgung an öffentlichen Gütern und eine Überversorgung an privaten Gütern. Deshalb fällt dem Staat eine zentrale Aufgabe zu, eine neue Balance zwischen öffentlichen und privaten Interessen herzustellen. Die allgemeinen Zugänge zu einem Grundbestand an Bildungs-, Gesundheits-, Mobilitäts- und Kulturgütern sind unzureichend. Das Privatisierungsfieber der vergangenen Jahre hat sich nicht als Heilmittel erwiesen. Der Ruf nach weiteren Steuersenkungen ist keine angemessene Antwort auf diese Ungleichgewichte. Also sollte die Kompetenz des Staates, jenseits partikularer Interessen das allgemeine Interesse zu vertreten, gefestigt werden. Ihm sollte das Recht zustehen, einen größeren Teil der wirtschaftlichen Wertschöpfung für seine Aufgaben, die niemand sonst übernehmen kann, zu beanspruchen.

Ein zweites Ungleichgewicht besteht darin, dass die deutsche Wirtschaft fast krankhaft industrie- und exportlastig ist. Folglich wird die Industriearbeit, deren Ergebnis materielle Güter sind, gesellschaftlich hoch geschätzt. Die Arbeiten an den Menschen, also personennahe Dienste genießen demgegenüber nicht die gleiche Wertschätzung und werden demgemäß niedriger entgolten. Im Gleichgewicht, das einer kulturellen Dienstleistungsgesellschaft entspricht, würden die Kompetenzen des „Heilens, Helfens und Begleitens" einen gleichwertigen Rang und ein angemessenes Entgelt erhalten wie die überkommenen Kompetenzen des „Zählens, Wiegens und Messens".

Die weithin ungleiche Anerkennung der waren- und personenbezogenen Arbeit überformt ein drittes Ungleichgewicht, nämlich das Geschlechterverhältnis im patriarchalen Kapitalismus. Seitdem die Wohn- und Produktionsorte voneinander getrennt sind, ist die gesellschaftlich organisierte Arbeit den Männern, die private Haus-, Erziehungs- und Beziehungsarbeit den Frauen zugewiesen. Sobald die erwerbstätigen Männer den Frauen einen Teil ihrer Erwerbsarbeit überlassen, sinkt die von den Männern dominierte öffentliche Wertschätzung dieser Arbeit. Folglich verdienen die Frauen im Durchschnitt ein Fünftel bis ein Viertel weniger als ihre männlichen Kollegen, ohne dass der Grundsatz: „Gleicher Lohn für gleiche Arbeit" formal verletzt würde. Ein Gleichgewicht der Anerkennung und Bezahlung der Erwerbsarbeit von Männern und Frauen wird auch das gesellschaftliche Rollenbild der Geschlechter verändern und zu einer fairen Verteilung der Erwerbsarbeit, der privaten Beziehungsarbeit und verschiedener Formen des zivilgesellschaftlichen Engagements führen.

Ein viertes Ungleichgewicht bezieht sich auf das Verhältnis der Gesellschaft zur natürlichen Umwelt. Der in der Neuzeit rekonstruierte „homo faber" empfindet sich als einziges Weltsubjekt, das der natürlichen Umwelt als ihr Beherrscher selbstbewusst und selbst bestimmt entgegen tritt. Er wähnt sich befugt, die Natur zu unterwerfen und für die eigenen Interessen zu nutzen. Aber nachdem sich die Einsicht verbreitet hat, dass der natürlichen Umwelt und damit allen nicht menschlichen Lebewesen ein Eigenwert zukommt, der es den Menschen verbietet, sie ausschließlich als Mittel in den Dienst der eigenen Interessen zu stellen, ist eine Verpflichtung der Weltgesellschaft entstanden, alle gesellschaftlichen Verhältnisse in das Naturverhältnis eingebettet zu sehen und das gesellschaftliche Handeln so zu verändern, dass bei der Ordnung der Finanz- und Realwirtschaft die gesellschaftlichen Ansprüche mit der Belastbarkeit des Planeten ausbalanciert werden, was die Ressourcenentnahme und die Aufnahme von Abfällen angeht.

(3) Zeitwohlstand

Deutschland ist ein wohlhabendes Land, zumindest an Waren und Dienstleistungen, auch wenn nicht alle an diesem Reichtum einen angemessenen Anteil erhalten. Sind die Menschen auch reich an Zeit? Bis Mitte der 1990er Jahre wurde die kollektive

Arbeitszeit verkürzt, es gibt mehr Urlaub, die Fünf-Tage-Woche, den Einstieg in die 35-Stunden-Woche, flexible Arbeitszeiten. Anderseits ist die Arbeit aus dem formellen in den informellen Sektor verlagert worden. Die Eigenarbeit an der Tankstelle, im Supermarkt und am Bankschalter sowie die ehrenamtliche Arbeit haben zugenommen. Die Zeitnot ist nicht geringer geworden. Was den Menschen fehlt, ist Zeit. Auch die Zeitnot ist ungleich verteilt. Nicht so, dass die einen Geld haben und die anderen Zeit. Die Höherverdienenden haben meist auch erhebliche Verfügungsmacht über die Zeit. Andere haben ein geringeres Einkommen und können über ihre Zeit nicht selbst bestimmen. Der Informatiker mit einem fünfstelligen Monatseinkommen gestaltet autonom seine Arbeitszeit, während die alleinerziehende Verkäuferin im Mini-Job auf Abruf bereit stehen muss. Geldnot und Zeitnot passen zusammen.

Bedrängende Zeitnot spüren diejenigen, deren Leben und Arbeiten einem imperativen Zeitdiktat ausgesetzt ist, wenn sie sich den Interessen der Kapitaleigener oder Manager beugen, Lebenszeit in mehr Konsum- und Produktionszeit umtauschen, mehr Lebenszeit zum Verkauf anbieten und dem Zwang zur Schicht-, Nacht- und Sonntagsarbeit sich unterwerfen müssen. Inzwischen gibt es sublime Formen der Enteignung von Lebenszeit, wenn Vertrauensarbeitszeit zur Selbstausbeutung führt, wenn aufgeladene Zeitkonten nicht glatt gestellt werden, wenn Teilzeit ein sexistisches Zeitregime wird und wenn die individuell flexible Arbeitszeit zwar ein Mehr an Freizeit bietet, aber keine Festzeit, die mit anderen geteilt werden kann.

Wie kann der Geschmack an Lebenszeit, der nur betäubt ist, wiedergewonnen werden? Seit die Arbeitgeber ab Mitte der 1990er Jahre ihre Verhandlungsmacht ausgespielt haben, ist ein 100-jähriger Trend der kollektiven Arbeitszeitverkürzung als Folge laufender Produktivitätssteigerung ins Gegenteil verkehrt worden. Im öffentlichen Dienst und in der gewerblichen Wirtschaft wurde unbezahlte Mehrarbeit angeordnet. Wenn die Tarifpartner versagen, sollte der Gesetzgeber intervenieren. Dieser hat jedoch gleichfalls versagt. Erst das Bundesverfassungsgericht hat dem schrankenlosen Kommerzialisierungsdruck der Ladenöffnungszeiten eine Grenzmarke gesetzt: Jede

Gesellschaft braucht eine kollektive Zeitordnung zum Schutz gemeinsamer Zeiten von Lebensgemeinschaften und Familien mit Kindern, die Wert darauf legen, dass sie ihre Zeitrhythmen und Zeitrituale aufeinander abstimmen können. Ein vitaler Neustart könnte darin bestehen, die irrationale Wachstumsbeschleunigung als Wohlstandsindikator gegen einen vernünftigen Maßstab gestiegener Lebensqualität von Individuen und Haushalten auszutauschen – nämlich die Annäherung ihrer tatsächlichen an ihre gewünschte Zeitverwendung.

Laudatio auf Jean Ziegler

Ulrich Dillmann

Mit der heutigen Veranstaltung enden die Weimarer Reden 2010.

Ich möchte die Gelegenheit nutzen, kurz im Namen der Veranstalter, der Stadt Weimar und des Deutschen Nationaltheaters, Ihnen allen für Ihr Kommen zu danken – viele von Ihnen sehe ich bereits zum vierten mal hier am Sonntag Vormittag im DNT. Diese große Resonanz ist immer wieder ein Zeichen dafür, dass die Verantwortlichen für die Inhalte der Weimarer Reden Themen des Zeitgeistes auf die Bühne bringen und sie mit hochkarätigen Rednern verknüpfen – mit Rednern, die nicht nur reden, sondern auch etwas zu sagen haben.

Deshalb geht mein Dank auch im Besonderen an diese Kultur-Quer-Denker von DNT, Stadt und Stadtkulturdirektion – und hier speziell der Referentin für Literatur, Angela Egli – von TLZ und der Stiftung Buchenwald und Mittelbau-Dora, die gemeinsam die Reden 2010 auf den Weg brachten. Und Prof. Volkhard Knigge, der Direktor von der Gedenkstätte Buchenwald, wird auch in den nächsten Jahren zusammen mit vier weiteren Persönlichkeiten der nationalen und internationalen kulturpolitischen Szene für Inhalte und Auswahl der Redner und Rednerinnen mit verantwortlich zeichnen – und dies mit tatkräftiger Unterstützung durch die Weimarer Kulturdirektion.

Die Zusammensetzung dieses Beirates wird Ihnen der Oberbürgermeister noch vor Ostern bekannt geben. Er kann wegen der Eröffnung einer Bauhausausstellung in unserer Partnerstadt Siena an diesem Wochenende leider nicht hier sein.

109

Mein Dank geht aber auch an die Sponsoren, Unterstützer und Partner, ohne die diese Weimarer Reden – ein Format, das seit Jahren bereits weit über Weimars Grenzen hinaus Beachtung findet – nicht möglich wären. An erster Stelle natürlich an das Deutsche Nationaltheater, Stephan Märki, unseren Mitveranstalter und Ihren Gastgeber, aber genauso auch an unseren Hauptsponsoren, E.ON Thüringer Energie wie auch an unsere Medienpartner TLZ, mdr 1 - Radio Thüringen und die Weimarer Verlagsgesellschaft sowie an das Dorint Hotel am Beethovenplatz.

Nochmals auch von dieser Stelle: Herzlichen Dank.

Das übergreifende Thema der diesjährigen Reihe ist ja aktueller denn je und gibt die Fragestellungen und Ängste der Zeit treffender wieder wie kaum ein Thema der letzten Jahre.

Mit Heiner Geißler, Wolfgang Engler und Friedhelm Hengsbach haben wir in einem immer wieder bis auf den letzten Platz gefüllten Deutschen Nationaltheater bereits drei Redner von internationalem Rang erleben dürfen, die Fragen zur gegenwärtigen Finanz- und Wirtschaftskrise aufwarfen und auch mögliche Handlungsoptionen und Lösungsansätze formulierten.

Für heute haben wir einen Gast mit weltweiter Reputation als Redner gewinnen können, auf den ich persönlich ganz besonders gespannt war und bin, den Soziologen, Politiker und Autoren Prof. Jean Ziegler aus der Schweiz.

Jean Ziegler, im April 1934 in Thun in der Schweiz geboren, lehrte Soziologie an der Universität Genf und war als Gastprofessor an der Sorbonne in Paris tätig. Zweimal wurde mit der Ehrendoktorwürde einer Universität geehrt, 2008 in Brüssel, 2009 in Paris.

Er gilt als Globalisierungskritiker, für viele als DER Globalisierungskritiker. Seit Jahrzehnten kämpft er gegen Hunger und Armut und gegen die hierfür verantwortlichen kapitalistischen Bedingungen an. Er war viele Jahre Genfer Abgeordneter für die Sozialistische Partei im Nationalrat der Schweiz. In den Jahren

2000-2008 war er UN-Sonderberichterstatter für das Recht auf Nahrung – zuerst im Auftrag der Menschenrechtskommission, dann des Menschenrechtsrats. 2008 wurde er in den Beratenden Ausschuss des Menschenrechtsrats gewählt, dessen Vizepräsident er seit dem letzten Jahr ist.

Zahlreiche seiner Publikationen haben erbitterte Kontroversen ausgelöst und ihm internationales Ansehen verschafft – Zustimmung, aber auch, wie kann man es bei dieser Thematik anders erwarten, auch Ablehnung. Jean Ziegler sei, so schreibt die Süddeutsche, „Fachmann in Sachen Hunger" und als solcher streitbar und kontrovers diskutiert.

Natürlich, wer mit so provokanten Aussagen auftritt wie „Der einzige Antrieb dieser neuen Feudalherren" [gemeint sind die globalen Wirtschaftslenker], „Der einzige Antrieb also dieser neuen Feudalherren ist die Anhäufung größtmöglicher Profite in möglichst kurzer Zeit, die kontinuierliche Ausdehnung ihrer Macht und die Beseitigung jedes sozialen Hindernisses, das sich ihren Dekreten widersetzt.", wer so scharf formuliert, der wird zwangsläufig nicht nur Freunde haben. Aber er wird, und das tut Jean Ziegler seit Jahren, eine Auseinandersetzung mit dieser für die Zukunft unserer Welt elementar wichtigen Thematik auf hohem intellektuellem Niveau erzwingen.

Und gleiches tut Ziegler auch mit seinem neuen Buch, dessen Titel „Der Hass auf den Westen" auch Titel gebend für die heutige Rede ist. Der Westen, dass sei sicherheitshalber schon einmal gesagt, der Westen steht hier als Umschreibung für den größeren Teil der nördlichen Erdhalbkugel, also für die transatlantische Heimat sämtlicher großen und das Finanzgeschick der Erde bestimmenden Oligarchen unserer Gesellschaft.

Was dies provoziert – an Hass, ob pathologisch oder vernunftgeleitet, wie Jean Ziegler es definiert, das wird er uns in der kommenden Stunde erläutern.

Herr Professor Ziegler, Ihre Bühne.

111

Der Hass auf den Westen

Jean Ziegler

Der Titel dieser letzten der prestigereichen Weimarer Reden ist: „Der Hass auf den Westen". Ich möchte dieses Thema in drei Abschnitten abhandeln: Zuerst werde ich auf die Konzepte eingehen: was ist „Hass", was ist der „Westen", zweites Thema sind die Quellen dieses Hasses und schließlich werde ich der Frage nachgehen: Wo ist Hoffnung?

Im Jahr 1794 gelangten erstaunliche Nachrichten aus Paris in die Karibik: Die Sklaverei sei abgeschafft, die Gleichheit der Menschen verkündet und Sklavenhalter, die sich widerspenstig zeigten, würden guillotiniert. Doch am 20. Mai 1802 richtete Napoleon Bonaparte die Sklaverei wieder ein. Ein weiterer Erlass, vom 5. Juli desselben Jahres, untersagte jedem Farbigen die Einreise nach Frankreich. Bonaparte fand, dass es schon zu viele „Neger im Mutterland" gebe und dass mit dem Zufluss dieses Blutes die Gefahr bestand, dem europäischen Blut „jene Spur beizumischen, die sich in Spanien nach der Invasion der Mauren ausgebreitet hatte."

Auf den Inseln wurden die Schwarzen, Bürger der Republik, von Bestürzung und Entsetzen ergriffen. Die französischen Behörden in den überseeischen Gebieten trieben die schwarzen Bürger zusammen, um ihnen wieder die Eisen anzulegen und sie ihren früheren Besitzern zuzuführen. Auf allen Inseln kam es zu gewaltigen Menschenjagden. Bei Fackelschein wurden die eingefangenen Flüchtlinge mit Stockschlägen zu Tode geprügelt oder verstümmelt. Viele von ihnen wurden von Hunden zerfleischt, die nur zu diesem Zweck aus Frankreich eingeführt worden waren. In Fort-de-France und Pointe-à-Pitre nahm man die Guillotinen wieder in Betrieb, um den von Hunden aufgespürten schwarzen Männern, Frauen und Jugendlichen, die gewagt hatten, sich der Gefangennahme zu widersetzen, den Kopf abzutrennen.

113

Haiti verlangte von Frankreich eine Entschädigungszahlung von 150 Mio. Goldfranken [auf der Weltkonferenz gegen Rassismus in Durban/Südafrika im Jahr 2001 – d. Red.]. Die Forderung hat eine Vorgeschichte: Der Sklavenaufstand von 1802 hatte Haiti die Freiheit gebracht. 1804 schlugen die befreiten Sklaven das hochgerüstete Expeditionskorps Napoleons in die Flucht. Es sollte in Haiti die Sklaverei wiederherstellen. 1814 schickte König Ludwig XVIII. den Unterhändler Franco de Medina. Die befreiten Sklaven enthaupteten ihn. Frankreich änderte daraufhin die Strategie: Ein wirtschaftliches, diplomatisches, finanzielles Embargo wurde gegen Haiti verfügt. Die anderen europäischen Großmächte schlossen sich der Blockade an. Um den Totalruin abzuwenden, erklärte sich 1825 der haitianische Präsident Jean-Pierre Boyer bereit, mit König Karl X. einen Vertrag auszuhandeln. Die ehemaligen französischen Sklavenbesitzer wurden von Haiti mit 150 Mio. Goldfranken entschädigt. Die Riesensumme wurde bis 1883 vollständig ausgezahlt.

Das heutige, schreckliche Elend des haitianischen Volkes findet in dieser Zwangskompensation seine Erklärung. In Durban verweigerte die französische Delegation die Rückerstattung der Beute.

Aus Gründen der Klarheit und der Platzersparnis beschränke ich mich hier auf die Feldzüge des französischen Militärs. Doch es versteht sich von selbst, dass die gleiche Gewalt, die gleiche Grausamkeit charakteristisch war für die englischen, niederländischen, deutschen, belgischen, italienischen, spanischen und portugiesischen Eroberungen.

Die strukturelle Gewalt des Westens

Die westliche Weltordnung beruht auf struktureller Gewalt. Der Westen geriert sich als Träger universeller Werte, einer Moral, einer Kultur, von Normen, kraft deren alle Völker der Welt aufgerufen sind, ihre Geschicke selbst in die Hand zu nehmen.

Doch dieser jahrhundertealte Anspruch des Westens wird heute von der überwältigenden Mehrheit der südlichen Völker radikal in Frage gestellt. Sie sehen darin einen unerträglichen

114

Beweis für Anmaßung, eine Vergewaltigung ihrer Identität, eine Verleugnung ihrer Besonderheit und ihrer Erinnerung.

Was umfasst der Begriff „Westen"?

Sein Ursprung ist das lateinische Wort occidere, „fallen". In der Antike bezeichnete es die Region der Erde, in der die Sonne untergeht (Couchant im Französischen, von coucher – „untergehen"), im Gegensatz zu der Region, in der die Sonne aufgeht (lever), dem Osten, der Levante. Im Deutschen haben wir diese Bedeutung in den Wörtern Morgenland und Abendland.

Der Westen ist also zunächst einmal ein Gebiet. Allerdings haben sich seine Grenzen im Lauf der Jahrhunderte verschoben. Zunächst rein europäisch, wurde es mit der „Entdeckung" Amerikas euro-atlantisch. Außerdem wird der Westen gleichzeitig definiert durch diejenigen, die sich ihm zurechnen, und diejenigen, die ihn ablehnen. In den arabischen Chroniken der Schlacht, in der Saladin 1187 vor Jerusalem siegte, werden die europäischen Ritter – Engländer, Franzosen, Deutsche – als „Ungläubige", „Christen", „Abendländer" bezeichnet. Westen – Abendland – und Christenheit werden während des gesamten Zeitraums der Kreuzzüge, bis ins 14. Jahrhundert, gleichgesetzt. Für das heutige, weitgehend entchristlichte Europa gilt das nicht mehr. Der einzige Kontinent, auf dem die Christen noch wirklich zahlreich vertreten sind, auf dem das Christentum noch wahrhaft lebt, ist Amerika (insbesondere Südamerika).

Vom 16. bis 19. Jahrhundert, im Zeitalter der (europäischen) Kolonialeroberungen in Afrika, Amerika, Asien und Ozeanien waren die Bewohner der westlichen Welt „die Weißen". Weiß und westlich wurden deshalb in den Schulbüchern der ersten Hälfte des 20. Jahrhunderts synonym verwendet. Heute ist jeder Verweis auf „Rasse", da wissenschaftlich nicht haltbar, aus dem offiziellen Sprachgebrauch verbannt. Außerdem spielen weiße Völker, die nicht aus der euro-atlantischen Welt stammen, mittlerweile eine wichtige politische, wirtschaftliche und militärische Rolle: Perser, Türken, libysche Berber und so fort.

Was ist die heute geläufige Bedeutung des Wortes „Westen"? Fernand Braudel hat in seinen Vorlesungen an der Johns-Hopkins-Universität eine Antwort versucht: Der Westen definiert sich im Wesentlichen über seine Produktionsweise, den Kapitalismus. Der ist mehr denn je seinem Traum von der globalen Eroberung verhaftet. Er stützt sich auf seine rechtlichen oder tatsächlichen Monopole, selbst wenn er, trotz der Globalisierung, weder in den eroberten Gebieten noch seinen Herkunftsländern den gesamten sozialen Raum beherrscht.

Als wichtigster Vertreter der Braudelschen Schule in den Vereinigten Staaten entwickelt Immanuel Wallerstein die Gedanken seines Mentors weiter. Er beschreibt verschiedene Erscheinungsformen des westlichen Eroberungswillens und universalistischen Anspruchs. Zum einen behaupten die Herrscher der euro-atlantischen Welt, weltweit die „Menscherechte" und die von ihnen „Demokratie" genannte Staatsform zu verteidigen und – notfalls – durchzusetzen. Der behauptete Universalismus ihrer Herkunftskultur veranlasst sie logischerweise zur Ablehnung und Negation aller anderen Kulturen und Zivilisationsformen. Auch wenn sie ihnen heute ein (exotisches, folkloristisches) Existenzrecht zubilligen, nehmen sie sie nicht ernst, falls sie mit anderen wirtschaftlichen Produktionsweisen einhergehen. Die Führer des Westens postulieren die Existenz „unwandelbarer", „wissenschaftlicher" Marktgesetze, ähnlich den „Naturgesetzen". Wenn sich also die nicht westlichen Völker „entwickeln" wollen, haben sie keine andere Möglichkeit, als sich diesen Gesetzen zu unterwerfen.

Dieser Anspruch schürt den Hass. Doch der Hass, um den es hier geht, ist kalt und rational. In ihm äußert sich die radikale Ablehnung eines globalen Herrschaftssystems und eines totalisierenden Geschichtsbilds – beide vom Westen aufgezwungen. Und er manifestiert sich in Widerstandshandlungen, als Forderung nach Reue und Erinnerung. Kurzum, dieser Hass nährt heute eine ethische, radikale, definitive Revolte, die so affektiv wie ökonomisch und politisch ist. Mit Aimé Césaire sagen die Völker des Südens: „Wir können nen all diese Lügen, all diese Gräuel nicht mehr ertragen."

Der rationale und der pathologische Hass

Um unseren Gegenstand richtig zu verstehen, müssen wir zwischen dem rationalen Hass und seiner dunklen Seite, dem pathologischen Hass, deutlich unterscheiden. Immer wieder kommt es in der Geschichte zu einer „Verfinsterung der Vernunft", wie Max Horkheimer sagt. Die Vernunft kollabiert, und das Handeln der Menschen wird von den finstersten Instinkten, den abscheulichsten Perversionen beherrscht.

Auf exemplarische Art manifestierte sich dieser monströse Hass am Morgen des 11. Septembers 2001 in New York, in Washington und am Himmel von Pennsylvania. Al Qaida, die salafistischen Splittergruppen im Maghreb, die Dschihadisten des Mittleren Ostens – sie alle gehören der gleichen Wahnwelt an. Ihre Anschläge, die sich im Allgemeinen gegen die Zivilbevölkerung richten, sind ungeheuerlich. Dabei spielt es kaum eine Rolle, dass sie behaupten, nur auf die Aggressionen zu reagieren, die von der amerikanischen Soldateska und ihren Verbündeten gegen die irakische, afghanische und palästinensische Bevölkerung verübt werden. Diese Bewegungen, die sich auf den Koran berufen, praktizieren genau das Gegenteil dessen, was der Koran lehrt. Die Pathologie ist sicherlich einem tiefen Leiden entsprungen. Das macht die Menschen labil, vor allem die jungen. Es macht sie anfällig für Verführung, Manipulation und andere Methoden der Anwerbung.

Der rationale Hass, der heute zahlreiche südliche Völker zum Widerstand gegen die moralische Autorität des Westens und sein globales wirtschaftliches Ausbeutungssystem aufruft, ist das genaue Gegenteil der wiederkehrenden Explosionen des pathologischen Hasses. Lichtjahre trennen die toten Chefs der Salafisten-Gruppe für Predigt und Kampf im Maghreb oder auch Abdelaziz al-Mourkine, Al Qaida-Chef für die arabische Halbinsel, von einem Evo Morales Ayma oder einem Wole Soyinka.

Die Wiederkehr der Erinnerungen und die rätselhaften Wege des Gedächtnisses

Wir erleben eine Zeit der Wiederkehr der Erinnerungen. Plötzlich besinnen sich die Völker auf die Demütigungen, die Schrecken, die sie in der Vergangenheit erlitten haben. Sie haben sich entschlossen, vom Westen Rechenschaft zu fordern. Das verwundete Gedächtnis der einstigen Kolonialvölker ist zu einer geschichtsmächtigen Kraft geworden.

Heute befindet sich das Gedächtnis der südlichen Völker im offenen Krieg mit dem Westen. Die Erinnerungen, die aus Lateinamerika und der Karibik, Schwarzafrika, Arabien und Asien auftauchen, sind schmerzvolle Erinnerungen – „eine heilige Wunde", wie Césaire sagt. Der Westen dagegen präsentiert ein triumphierendes, arrogantes, gegen jeden Zweifel resistentes Gedächtnis.

Aber warum erhebt der Süden diese Forderung nach Gerechtigkeit, Wiedergutmachung und Reue gegenüber dem Westen erst heute, das heißt über hundert Jahre nach Abschaffung des Sklavenhandels und fünfzig Jahre nach Beendigung der kolonialen Besetzung? Das kollektive Gedächtnis folgt Rhythmen, die kein analytischer Verstand vollständig erklären kann. Von allen sozialen Strukturen ist es wahrscheinlich am rätselhaftesten. In seinem Buch „Das Gedächtnis und seine sozialen Bedingungen" erläutert Maurice Halbwachs: „Die Rekonstruktion der erinnerten Vergangenheit vollzieht sich immer an privilegierten Objekten." Was haben die Völker des Südens für „privilegierte Objekte", die ihnen als Substrat ihrer Gedächtnisrekonstruktion dienen?

Um ihre Forderungen nach wiedergutmachender Gerechtigkeit, finanziellen Entschädigungen und Reue zu begründen, berufen sich die südlichen Völker hartnäckig insbesondere auf zwei Verbrechen des Westens: den Sklavenhandel und die koloniale Eroberung.

Wenden wir uns zunächst dem Sklavenhandel zu. Zwischen der Mitte des 16. Jahrhunderts und der Mitte des 19. Jahrhunderts wurden mehr als vierzig Millionen afrikanischer Männer, Frauen und Kinder ihren Familien entrissen und nach Übersee deportiert, um als Arbeitskräfte auf Plantagen und in Minen eingesetzt zu werden, wo sie Hunger, Krankheiten und Folter erlitten. Bei der Schilderung der haitischen Deportation schrieb Alfred Métraux: „Ohne Auschwitz hätten die Europäer nie begriffen, was sie den Afrikanern angetan haben."

Nehmen wir das Beispiel Brasilien. Während der Überfahrt zwischen dem Golf von Benin und der Allerheiligenbucht von Salvador da Bahia (sie dauerte durchschnittlich länger als zwei Monate) starben etwa zwanzig Prozent der zwei- bis dreihundert angeketteten Männer, Frauen und Kinder, die ein Sklavenschiff transportierte, an Skorbut, Hunger oder schlechter Behandlung.

In der ersten Nacht der Überfahrt stiegen die Seeleute, trunken vom Rum, in den Laderaum hinunter, um die Frauen zu vergewaltigen. Eine Schwangere erzielte auf dem Markt von Olinda einen höheren Preis. Ein Viertel der Überlebenden war so geschwächt, dass sie das Schiff nicht ohne Hilfe verlassen konnten. Viele von ihnen – lebende Leichname mit grauer Haut und blinden Augen – schafften nur ein paar Schritte auf dem Strand, bevor sie tot zusammenbrachen. Man begrub sie umgehend, indem man einige Schaufeln amerikanischer Erde auf sie warf. In allen Hafenstädten an der brasilianischen Atlantikküste gab es eine – oft bis heute erhaltene – cafuna, ein befestigtes Gebäude, wo die Überlebenden des Transatlantiktransports eingesperrt wurden, um sich zu erholen.

Nach einigen Wochen, wenn die zu Skeletten abgemagerten Überlebenden wiederhergestellt waren, öffneten die Sklavenhändler die Tore der cafuna und ließen die Schwarzen auf den Marktplatz führen: Dort wurden sie verkauft – der Mann von seiner Frau, die Kinder von ihrer Mutter getrennt.

Die durchschnittliche Lebenserwartung eines Arbeitssklaven auf den Zuckerrohrplantagen im Reconcavo von Bahia, Brasilien, betrug sieben Jahre.

Identitäten, in der Nacht der Sklaverei geschmiedet

In der finsteren Nacht der Sklaverei hat das verschleppte Volk wie durch ein Wunder seine Kräfte bewahrt – die Kraft zu leben, zu schaffen, zu widerstehen. Mir ist in der Geschichte kaum ein anderes Beispiel für solche Charakterstärke, solchen Mut, solchen Glauben bekannt, wie sie diese Völker bewiesen haben, die, auf so unmenschliche Weise unterdrückt, ihre Kultur in der Fremde nicht nur bewahrt, sondern auch vertieft haben.

Ein bestimmter Umstand erklärt, warum die Kultur der afrikanischen Diaspora in Amerika heute noch so einflussreich ist. Die weißen Herren der Plantagen, ihre Vorarbeiter, ihre Priester, ihre Wachen verfügten im Prinzip über Leib und Leben ihrer schwarzen Sklaven. Doch auf den Plantagen gab es nur eine Handvoll Weißer. Daher peinigte sie die Angst. Die dunkle Furcht vor der Revolte trieb ihnen den Angstschweiß auf die Stirn. Der Aufstand ihrer Arbeitstiere war ihr Albtraum. Um die Gefahr zu bannen, griffen die Plantagenbesitzer zu einer einfachen Methode: Sie schürten die Zwietracht zwischen den verschleppten Völkern, um sie besser gegeneinander aufhetzen zu können. So kaufte der Betreiber einer Zuckermühle Sklavenkontingente, die jeweils aus einem bestimmten afrikanischen Land und einer bestimmten Kultur kamen. Auf seiner Plantage förderte er die Ausübung aller mit dieser Kultur verknüpften Riten. Deshalb wurden die religiösen Kalender, Zeremonien und Riten aller einzelner in der Senzala vertretenen Völker peinlich genau beachtet.

Ein Paradox mit beträchtlichen historischen Konsequenzen: Die beständigsten afrikanischen Identitäten sind in der Nacht der Sklaverei geschmiedet worden. In all den Jahrhunderten der Sklaverei ist das Feuer der kulturellen, künstlerischen, politischen Schöpfungen der Afrikaner nie erloschen.

Heute lebt ein Drittel der afrikanischen Bevölkerung in der Diaspora, vor allem in Amerika. In Übersee hat der Sklavenhandel Gesellschaften hervorgebracht, die heute regelrechte kulturelle Sammelbecken, einflussreiche Hochburgen afrikanischer Identität sind – etwa die Candomblés von Bahia, die kubanische Santeria, der haitianische Voodoo, die Cabildos an der Pazifikküste Kolumbiens oder die Shangos Jamaikas und Venezuelas. „Ich bewohne einen dreihundertjährigen Krieg", schrieb Airmé Césaire. Während der dreihundert Jahre Sklaverei hat der bewaffnete Widerstand nie aufgehört. Die Sklavenaufstände, die während des 17., 18. und 19. Jahrhunderts immer wieder aufflammten, sind ein weiterer wichtiger Grund, warum der Sklavenhandel eine so maßgebliche Rolle für die Gedächtnisrekonstruktion spielt.

Das zweite „privilegierte Objekt" ihrer Gedächtnisrekonstruktion sind für die Völker des Südens die bewaffneten Eroberungen ihrer Länder durch den Westen. Léon Bloy: „Die Geschichte unserer Kolonien ist, vor allem im Fernen Osten und in Afrika, nichts als Leid, maßlose Grausamkeit und namenlose Schändlichkeit."

1971, in seiner berühmten Rede vor der UNESCO, lieferte Claude Lévi Strauss folgende Definition des Rassismus: „Eine Lehre, die behauptet, in den geistigen und moralischen Eigenschaften, die einer wie auch immer definierten Gruppe von Individuen zugeschrieben werden, die unausweichliche Wirkung eines gemeinsamen genetischen Erbes zu erkennen."

Nach dieser Definition ist der Rassismus geradezu das Wesen des Kolonialismus. Er leugnet die Menschlichkeit des Kolonisierten. Von vornherein schließt er jede Beziehung der Gegenseitigkeit und Komplementarität mit dem Kolonialisten aus. Doch der Rassismus zerstört nicht nur den Kolonisierten. Er richtet auch den Kolonialisten zugrunde. Er steht im Widerspruch zu einem ursprünglichen, „jedem Menschen, kraft seiner Menschheit, zustehenden Recht" (Immanuel Kant).

Doch ohne Rassismus keine koloniale Eroberung. Die Unterjochung eines Menschen setzt die Negation seiner Menschlichkeit voraus. Wenn der Herr (der Eroberer) den Menschen, den er in Eisen legt, als seinesgleichen und ebenbürtig sähe, könnte er sein Verbrechen weder rechtfertigen noch seelisch verkraften. (Deshalb treten Kolonialismus und Geisteskrankheit auch so häufig zusammen auf.)

WEIMAR
REDE
21.3.2010
Zitat:
„Gott hat keine anderen Hände als die unseren“
(Schlusssatz)

Vom Sklavenhalter zum
alles verschlingenden Raubtier

Eine zweite Quelle des Leidens nährt den Hass der Völker des Südens auf den Westen: die gegenwärtige kannibalische Weltordnung des globalisierten Finanzkapitals. In den Augen der meisten Staatsmänner und Aktivisten sozialer Bewegungen des Südens fügt sich diese Ordnung – die die ärmsten Schichten des Südens besonders hart trifft – nahtlos ein in die Erbfolge der Produktionsweisen, die auf Sklavenhaltung und Kolonialisierung basierten.

Am Morgen des 2. Septembers 2001 trat Oulai Seine, der Justizminister der Elfenbeinküste, in Durban an das Rednerpult. Er sagte: „Wenn Sie denken, die Sklaverei sei überwunden, müssen Sie umdenken. Wie wäre denn anders zu verstehen, dass der Preis für ein Produkt, das in langen Monaten harter Arbeit, bei Regen und Sonnenschein, von Millionen Bauern erzeugt wurde, von jemandem, der in einem klimatisierten Büro auf seinem Sessel hinter einem Computer sitzt, festgesetzt wird, ohne dass er ihr Leiden berücksichtigt? Nur die Methoden haben sich [seit Abschaffung der Sklaverei] geändert. Sie sind ‚humaner‘ geworden. Die Schwarzen werden nicht mehr mit Schiffen auf die Antillen oder nach Amerika verfrachtet. Sie schwitzen Blut und Wasser, während sie mit ansehen müssen, wie der Preis ihrer Arbeit in London, Paris oder New York verhandelt wird. Die Sklavenhalter sind nicht tot. Sie haben sich in Börsenspekulanten verwandelt."

Edgar Morin stellt fest: „Die Herrschaft des Westens ist die schlimmste in der Geschichte der Menschen, durch ihre Dauer und ihre Ausdehnung über den ganzen Planeten." Seit mehr als fünfhundert Jahren beherrscht der Westen den Planeten. Dabei stellen die Weißen, wie schon erwähnt, lediglich 12,8 Prozent der Weltbevölkerung. Auch in der Vergangenheit sind sie nie über 24 Prozent hinausgekommen. Eine Minderheitsherrschaft zwar, aber eine brutale – und eine vorzüglich organisierte noch dazu.

Vier Herrschaftssysteme haben sich im Laufe der neueren Geschichte abgelöst. Zunächst das der sogenannten Eroberungen. Ab 1492, als sie Amerika „entdeckten", haben die Bewohner des Westens seine Gebiete in Besitz genommen. Die bis dahin „unbekannten" Völker vernichteten sie oder legten sie in Eisen. Dann kam die Zeit des Dreieckshandels, der massenhaften Verschleppung von Schwarzafrikanern auf den durch die Massaker an den Indianern entvölkerten amerikanischen Kontinent. Es folgte ein drittes westliches Ausbeutungs- und Unterdrückungssystem: Während des gesamten 19. Jahrhunderts wurde – vor allem in Afrika, aber auch in Asien – das koloniale System errichtet. Die militärische Besetzung garantierte den direkten Zugriff auf die Bodenschätze und die landwirtschaftlichen Ressourcen. Die Vernichtung der autochthonen Kulturen durch die christlichen Missionare und die Apostel des westlichen Universalismus brach den Widerstand der Unterdrückten. Dadurch wurde die Einführung der Zwangsarbeit erheblich erleichtert.

Aus Sicht der südlichen Völker ist die gegenwärtige globalisierte Ordnung des westlichen Finanzkapitals mit seinen Söldnern der Welthandelsorganisation, des Internationalen Währungsfonds, der Weltbank, den transkontinentalen Privatunternehmen und der neoliberalen Ideologie das letzte, und bei Weitem mörderischste der Unterdrückungssysteme, die im Laufe der vergangenen fünf Jahrhunderte vom Westen errichtet wurden.

Die Gewalt, die durch die viel zitierte „unsichtbare Hand" des Marktes ausgeübt wird, und die Monopolisierung des Reichtums durch die transkontinentalen Oligarchien setzen die drei früheren Unterdrückungssysteme in verstärkter Form fort. Die Nacht des Elends und der Ungerechtigkeit verfinstert viele Länder des Südens. Sie ist heute undurchdringlicher denn je. Denn noch nie waren die Herrschaftsklassen des Westens mächtiger als heute.

Erpressung statt Verhandlung

Peter Mandelson ist ein eleganter, gewiefter Rhetoriker, ein Salonlinker aus London mit neoliberalem Einschlag. Er war der Mentor, der Vertraute und lange Zeit der Minister Tony Blairs.

Seine Arroganz ist legendär. Er sagt: „Zölle gehören ins Mittelalter. Sie sind vollkommen überholt (...). In der modernen Volkswirtschaft spielen sie überhaupt keine Rolle mehr."
Wohl wahr! In den Staatsfinanzen Frankreichs, Englands, Deutschlands etc. spielen die Zolleinnahmen so gut wie keine Rolle mehr. Doch in den armen Ländern, wo es kein leistungsfähiges Steuersystem gibt, wo der öffentliche Sektor defizitär, die inländische Kapitalakkumulation gering ist, machen die Zölle den Hauptanteil der Staatseinkünfte aus. Wenn man also einen AKP-Staat (Afrika, Karibik, Pazifik) seiner Zolleinkünfte beraubt, so heißt das, ihn zu Unterwerfung, Abhängigkeit, Ausbeutung zu verurteilen.

Doch die gegenwärtigen Brüsseler Verhandlungen, die den AKP-Staaten aufgezwungen werden, betreffen nicht nur die Handelsbeziehungen. Auf das „Wirtschaftspartnerschaftsabkommen" (WPA) soll schon bald ein Investitionsabkommen folgen. Schlau eingefädelt! Der Westen spielt ein doppeltes Spiel. Er will nämlich überall diese Investitionsabkommen durchsetzen, um die Länder des Südens für die transkontinentalen Privatunternehmen des Westens zu öffnen. Doch er weiß seine Strategie geschickt zu verschleiern, indem er behauptet, durch dieses Investitionsabkommen werde westliches Kapital den einheimischen Industrien des Südens zufließen.

Lüge! Afrika hat zwischen 1996 und 2007 mehr als tausend Investitionsabkommen unterzeichnet. Doch die ausländischen Direktinvestitionen, von denen die einheimischen Industrien, die Dienstleistungsunternehmen etc. profitierten, machen heute nur zwei Prozent der weltweit getätigten ausländischen Direktinvestitionen aus.

Jean-Jacques Rousseau schreibt: „Zwischen dem Starken und dem Schwachen ist es die Freiheit, die unterdrückt, und ist es das Gesetz, das befreit." Das Kernstück jedes internationalen Investitionsabkommens ist die Nichtdiskriminierungsklausel: Der empfangende Staat muss dem ausländischen multinationalen Unternehmen die gleichen fiskalischen, administrativen gesetzlichen Bedingungen einräumen wie seinen eigenen Industrie-, Handels- oder Dienstleistungsunternehmen. Dabei weiß jeder, dass alle Länder der Erde, die sich industrialisiert haben, dies

mittels Diskriminierung geschafft haben. Lange Zeit haben sie
ihre eigenen Unternehmen gegen die Konkurrenz ausländischer
Unternehmen durch die Errichtung protektionistischer Zoll-
schranken geschützt.

Die von Brüssel verhängte Nichtdiskriminierung für die AKP-
Länder bedeutet, dass sie keine wie auch immer geartete nationale Industrialisierungspolitik entwickeln können. Das Investitionsabkommen beraubt die Länder des Südens nicht nur jegli-
chen Zollschutzes, sondern macht auch die Anwendung ergän-
zender Schutzmaßnahmen unmöglich, wie etwa die obligatori-
sche Schaffung von Joint Ventures zwischen ausländischen
Firmen und einheimischen Unternehmen, die Festsetzung einer
Beschäftigungsquote für einheimische Arbeitskräfte etc.
Verhandlung ist entschieden nicht das richtige Wort in diesem
Zusammenhang. Erpressung wäre angebrachter.

Die UN-Millenniumsziele:
Zynismus und leere Rhetorik

Im September 2000 kamen die Staats- und Regierungschefs der
192 Mitgliedstaaten der Vereinten Nationen in New York zusammen, um eine Bestandsaufnahme der ungelösten Konflikte und
Probleme vorzunehmen, die unseren Planeten an der Schwelle
zum neuen Jahrtausend heimsuchen. Anhand dieser Bestandsaufnahme haben sie eine Liste der sogenannten Millenniumsziele (MDG, Millennium Development Goals, „Millen-
niumsentwicklungsziele") aufgestellt, die bis 2015 verwirklicht
werden sollen.

Heute, 2010, nachdem bald zwei Drittel der gesetzten Frist ver-
strichen sind, ist keines der in der Bestandsaufnahme genannten
Probleme einer Lösung näher gebracht worden. Ganz im
Gegenteil. Mehrere von ihnen – Rechte der Frauen, übertragbare
Krankheiten, mangelnde Schulbildung, extreme Armut und
Unternährung – verschlimmern sich unaufhörlich.

2000 zählte die FAO (UN-Sonderorganisation für Ernährung,
Landwirtschaft, Fischerei und Forstwesen) 785 Millionen schwer
und permanent unterernährte Menschen. 2008 waren es 854

Millionen. 2009 sind es eine Milliarde. Alle fünf Sekunden verhungert auf der Erde ein Kind unter zehn Jahren. Am schnellsten greift die Verelendung im Fernen Osten und in Schwarzafrika um sich. In Kambodscha hat nur die Hälfte der Bevölkerung regelmäßigen Zugang zu sauberem Trinkwasser. Von zehn Kambodschanern kommen nur zwei in den Genuss einer regelmäßigen Gesundheitsversorgung.

In der Hälfte der Länder des subsaharischen Afrikas verringert sich das ProKopf-Einkommen seit 2000 jährlich im Durchschnitt um 0,5 Prozent. Nur 32 der 147 Länder, die eine zuverlässige Statistik zur Säuglingssterblichkeit vorzuweisen haben, sind auf dem Weg, diese Geißel in den Griff zu bekommen.

Kurzum, im Hinblick auf den angeblichen Kampf gegen die Epidemien, den Hunger, die extreme Armut, die Diskriminierung der Frauen oder die fehlende Grundschulbildung ist seit 2000 noch kein nennenswerter Fortschritt erzielt worden. Denn die unselige Politik, die zur wachsenden Unterentwicklung der ärmsten Länder führte, wirkt, so wie sie von den westlichen Mächten praktiziert und ihren Söldnern in WTO und IWF gehandhabt wird, unverändert fort.

Keines der „Millenniumsziele" kann erreicht werden, ohne multilaterale Verhandlungen über Arzneimittelpreise, Zahlungsfristen im Außenhandel, Technologietransfer, Patente etc. Doch in zehn Jahren sind in dieser Hinsicht keinerlei Fortschritte zwischen dem Westen und dem Süden gemacht worden, noch nicht einmal zaghafteste Ansätze.

Daher erscheint der Millenniumsgipfel in den Augen der südlichen Völker als eine neue Manifestation leerer Rhetorik, der Doppelzüngigkeit, des Zynismus und der Unaufrichtigkeit des Westens.

Warum diese Blindheit? Warum diese ungerührte Arroganz, während Hunderte von Millionen Menschen sich über die Doppelzüngigkeit empören und dem Westen das Recht auf moralische Hegemonie absprechen?

Ich formuliere eine Hypothese. Der Zusammenbruch der Sowjetunion, der Misskredit, in den die kommunistische Idee geraten ist, hat ein Schwarzes Loch geschaffen. Der (selbstverständlich notwendige) Fall der Berliner Mauer hat alle

127

Emanzipationsperspektiven begraben und sogar jeden Gedanken an Protest vertrieben. Der Westen versteht weder das Verlangen der südlichen Völker nach einer gerechten und angemessenen Ordnung noch ihre Entschlossenheit, diese Ziele zu erreichen. Seit dem Mauerfall ist der Gedanke an eine andere Weltordnung, ein anderes Gedächtnis, einen anderen Willen in Verruf geraten. Unterdessen nährt die Kluft zwischen Erklärungen und tatsächlicher Praxis den Hass wie nie zuvor.

Im ersten Quartal 2008 sind in 37 Ländern des Südens, von Ägypten bis zu den Philippinen, von Bangladesch bis Haiti, Hungeraufstände ausgebrochen. Der steile Anstieg der Lebensmittelpreise lässt ganz neue soziale Schichten, vor allem in den Städten, verelenden. Die Angehörigen dieser Schichten, die 80 bis 90 Prozent ihres Einkommens für Ernährung ausgeben müssen, verfügen nicht über genügend Mittel, um ihren täglichen Bedarf an Lebensmitteln zu decken. Sie gehören zu den 2,2 Milliarden Menschen der südlichen Hemisphäre, die in „absoluter Armut" leben, wie es in der dürren Sprachregelung der Weltbank heißt.

Gemäß dem World Food Index der FAO sind die Preise für Grundnahrungsmittel zwischen 2003 und 2009 im Durchschnitt um 50 Prozent gestiegen. Nach allen Prognosen, vor allem denen der Vereinten Nationen, werden die Preise in den kommenden Jahren weiter steigen. Daher auch die Angst vor dem Morgen und die Verzweiflung der Bewohner der südlichen Hemisphäre. Man rechnet damit, dass es in den nächsten fünf Jahren zu immer gewalttätigeren, polizeilich immer weniger kontrollierbaren Ausbrüchen kommen wird. Und zu einem raschen Anstieg der Zahl der Hungernden.

Verbrechen gegen die Menschlichkeit

Wie ist diese Preisexplosion der Agrarrohstoffe auf dem Weltmarkt zu erklären? Dafür sind drei vom Westen lancierte und einander in ihrer Wirkung verstärkende Strategien verantwortlich.

Die erste Strategie geht auf das Konto des Internationalen Währungsfonds (IWF). Um die kumulierte Auslandsschuld der

122 Länder der südlichen Hemisphäre, die sich am 31. Dezember 2008 auf 2,1 Billionen US-Dollar belief, einzudämmen, verordnet der IWF den ärmsten dieser Länder regelmäßig sogenannte Strukturanpassungsmaßnahmen. Praktisch alle diese Pläne fördern die Exportlandwirtschaft auf Kosten des Nahrungsmittelanbaus. Aus einem einfachen Grund: Nur durch den Export von Baumwolle, Soja, Rohrzucker, Palmöl, Kaffee, Tee, Kakao und so fort können sich die Schuldnerländer Devisen verschaffen. Weder die Zinsen noch die Tilgung der Auslandsschulden können in lokalen Währungen bedient werden. Daher müssen sich diese Länder um jeden Preis Devisen beschaffen. So wacht der IWF unerbittlich über die Interessen der großen Gläubigerbanken und der multinationalen westlichen Konzerne.

Aus diesem Grund trägt der IWF in zahlreichen Ländern des Südens zur Vernichtung der dem Nahrungsmittelanbau dienenden Landwirtschaft bei.

Wo Baumwolle und Rohrzucker angebaut werden, wächst weder Reis noch Hirse, noch Maniok. Betrachten wir beispielsweise Mali. 2007 hat das Land 380.000 Tonnen Baumwolle exportiert und den größten Teil seiner Nahrungsmittel eingeführt, vor allem Reis aus Vietnam und Thailand. Senegal importiert jährlich rund 600.000 Tonnen Reis. Ganz Schwarzafrika zusammen importiert jedes Jahr für rund 24 Milliarden Dollar Nahrungsmittel.

Eine wichtige Rolle beim Preisanstieg spielt die Spekulation. Heiner Flassbeck, Chefökonom der Konferenz der Vereinten Nationen für Handel und Entwicklung (UNCTAD), schätzt den Anteil der Spekulationsgewinne an dem weltweiten Preisanstieg der Grundnahrungsmittel auf 50 bis 60 Prozent. Robert Zoellnick, der Präsident der Weltbank, lastet den Spekulanten rund 37 Prozent der Preisentwicklung an.

Der dritte Grund für die Preisexplosion ist die Umwandlung von hunderten Millionen Tonnen Mais und Getreide (Palmöl, etc.) in Bioethanol und Biodiesel. Der weitaus größte Produzent sind die USA. 2008 verbrannten die US-Agrarkonzerne, subventioniert durch Milliarden öffentlicher Gelder, 138 Millionen Tonnen Mais (rund ein Drittel der gesamten Ernte) und hunderte Millionen Tonnen Getreide. Präsident Bush und nach ihm

Präsident Obama rechtfertigen die Strategie folgendermaßen: Einerseits bekämpft die Ersetzung von fossiler durch pflanzliche Energie die Luftverschmutzung, anderseits reduziert diese Strategie die Auslandsabhängigkeit der USA vom Erdöl. Beide Motive sind auf den ersten Blick vertretbar. Bei näherer Betrachtung bedeutet die Strategie jedoch ein Verbrechen gegen die Menschlichkeit. Um den 50-Liter-Tank eines Mittelklassewagens mit Bioethanol zu füllen, werden 358 Kilogramm Mais verbrannt. Mit 358 Kilogramm lebt ein Kind in Mexiko oder Sambia, wo Mais Grundnahrungsmittel ist, ein Jahr lang.

Die westlichen Nahrungsmittelkonzerne erzielen mit Biodiesel und Bioethanol astronomische Gewinne. Soll das Bettelvolk auf der Südhälfte des Planeten doch krepieren!

Der Wirtschafts- und Sozialrat der Vereinten Nationen tagt jedes Jahr abwechselnd in New York oder Genf. UNICEF (Kinder), FAO (Landwirtschaft), WFP (Ernährung), WHO (Gesundheit), UNESCO (Bildung), ILO (Arbeit) und all die anderen Sonderorganisationen der UNO müssen dort ihre jährlichen Tätigkeitsberichte vorlegen.

Aus der umfangreichen Dokumentation, die dem Rat 2008 zugänglich gemacht wurde, geht hervor, dass 36 Millionen Menschen am Hunger oder seinen unmittelbaren Folgen gestorben sind (Krankheiten infolge Unter- oder Fehlernährung: Kwashiorkor, Anämie etc.). Dass an Krankheiten, die im Westen längst besiegt sind (Tuberkulose, Gelbfieber, Malaria etc.), noch einmal neun Millionen Menschen gestorben sind. Dass sieben Millionen Menschen durch den Konsum verschmutzten Wassers ihr Leben verloren haben, dass weitere Millionen Aids zum Opfer gefallen sind, einer Krankheit, die man im Westen dank der Kombinationstherapien weitgehend im Griff hat.

Nach den 2008 von den Sonderorganisationen der UNO veröffentlichten Zahlen hat sich die Zahl der Todesfälle, die in den Ländern des Südens durch die Unterentwicklung der wirtschaftlichen Produktivkräfte und durch die extreme Armut hervorgerufen wurden, auf mehr als 59 Millionen erhöht.

Von schweren Schäden infolge permanenter Unterernährung, Medikamentenmangel, Trinkwassermangel sind mehr als 2,2 Milliarden Menschen – ein Drittel der Menschheit – betroffen.

Die verheerenden Folgen des Zweiten Weltkriegs beziffern die Demographen wie folgt: 16 bis 18 Millionen Männer und Frauen sind im Kampf gefallen, mehrere zehn Millionen Kriegsteilnehmer wurden verstümmelt, amputiert, entstellt. Zwischen 50 und 55 Millionen Zivilisten wurden getötet. Die Zahl der verwundeten Zivilisten beläuft sich auf mehrere hundert Millionen.

In der südlichen Hemisphäre vernichten Epidemien, Hunger, verschmutztes Wasser und durch Elend ausgelöste Bürgerkriege jedes Jahr fast ebenso viele Menschen wie der Zweite Weltkrieg in sechs Jahren.

Bolivien – der Bruch:
Die Konstruktion der Nation in den
Ländern des Südens

Wie können wir mit diesem zerstörerischen System brechen? Wie den Hass, den es nährt, in eine sieghafte historische Kraft verwandeln, die Gerechtigkeit und Befreiung einfordert?

Zunächst durch die Wiederherstellung des Gedächtnisses, durch die Rückgewinnung der Identität, die Bewusstmachung der Menschenrechte und die Konstruktion der Nation in den Ländern des Südens.

Die meisten Staaten Schwarzafrikas, die während der Entkolonialisierung der 1960er Jahre entstanden sind, und zahlreiche im 19. Jahrhundert gebildete Staaten in den Anden, der Karibik und Zentralamerika, haben nie eine wirkliche Unabhängigkeit gekannt. Als die westlichen Staaten, oft aus Gründen der Wirtschaftlichkeit, von der territorialen Okkupation abließen, blieb der Kolonialstaat intakt. Die Herren wechselten einfach die Masken.

Die Zerstörung des Kolonialstaats und die Errichtung eines Nationalstaats sind das Ziel, das sich Evo Morales und das MAS [Movimiento al Socialismo – d. Red.] gesetzt haben. Als „Kolonialstaat" bezeichnet Morales das institutionelle politische System, das Bolivien von 1825 bis 2006 beherrscht hat. Seit er an der Macht ist, verfolgt Evo Morales eine Dreifachstrategie: Rückgewinnung der Bergwerke, der Erdölvorkommen und der Plantagen; Kampf gegen das soziale Elend; Zerschlagung des Kolonialstaats und Aufbau eines Nationalstaats.

131

Selten ist in der Weltgeschichte eine so gigantische Eigentumsübertragung in so kurzer Zeit vollzogen worden. Bolivien besitzt die bedeutendsten Gasvorkommen ganz Lateinamerikas und Ölvorkommen, die nur denen von Venezuela nachstehen. Außerdem verfügt es über die modernste und teuerste Gasleitung der Welt: die von Cuiabá, die das Gas von San Alberto (durch die trostlosen Wüsten des Chaco und die Regenwälder des Mato Grosso) bis zum Atlantik bringt. Ihr Bau hat fünf Milliarden Dollar gekostet und wurde von Shell und dem Energiekonzern Enron finanziert.

Die Weltbank schätzt, dass Bolivien in den beiden kommenden Jahrzehnten einen Nettoerlös von mehr als 100 Milliarden Dollar (nach heutigem Geldwert) aus dem Verkauf von Öl und Gas erzielen wird.

Die Not besiegen

Das Elend Boliviens, ein Vermächtnis des Kolonialstaats, ist schrecklich. Es so schnell wie möglich zu besiegen, ist das zweite Ziel, das sich der neue Präsident gesetzt hat. Nach Haiti ist Bolivien das zweitärmste Land des Kontinents. Jedes vierte Kind leidet dort unter schwerer und permanenter Unterernährung. Nachdem das bolivianische Volk Herr über seine Reichtümer und Souverän über sein Land geworden ist, ist die Schaffung einer multiethnischen, demokratischen und solidarischen Gesellschaft der nächste Schritt. Im August 2006 hat sich Morales dazu ausführlich bei der Eröffnung der verfassunggebenden Versammlung in Sucre geäußert. Für ihn ist der Nationalstaat gleichbedeutend mit Rechtsstaat. Er organisiert soziale Gerechtigkeit, Gleichheit, den Schutz der Minderheiten und der Menschenrechte.

Jean-Jacques Rousseau spricht das Offenkundige aus: „In den Beziehungen von Mensch zu Mensch ist das Schlimmste, was geschehen kann, dass der eine sich dem anderen auf Gnade und Ungnade ausgeliefert sieht." Der Gesellschaftsvertrag ist die Grundlage der Nation. Er allein befreit den Menchen aus Sklaverei, Abhängigkeit und Willkür. Unabhängig von ethnischer

Herkunft, Glaubensbekenntnis und Hautfarbe legt er allen Bürgern dieselben Verpflichtungen auf und sichert allen Bürgern dieselben Rechte.

Das Nationalbewusstsein ist also definitionsgemäß multiethnisch, klassenübergreifend und multikulturell. Die Mono-Identität steht in krassem Gegensatz zum Nationalbewusstsein. Die verschiedenen ethnischen Zugehörigkeiten, die Vielfalt des kulturellen Erbes sind das Kapital, von dem die Nation als soziale Formation zehrt. Ethnozentrismus, obsessiver Indigenismus, Tribalfanatismus sind die Todfeinde der Nation.

Für die Völker des Südens schlägt die Stunde der Unabhängigkeit, der Souveränität, des Nationalstaates. Die Nation ist ein Ergebnis der Französischen Revolution. 1792 bei Valmy hielt die Nation Einzug in die Geschichte. Heute bestimmt sie die Träume von Evo Morales, Wole Soyinka, Aimé Césaire und von hunderten Millionen Menschen in den Ländern des Südens.

Egal, in welcher Epoche, an welchem Ort der Erde die Nation in Erscheinung tritt, sie ist Trägerin universeller Werte. Die Nation, die sich in Valmy offenbarte, ist eine Nation armer Menschen, die fest entschlossen waren zu leben – in Freiheit zu leben. Heute dient sie den Revolutionären in Bolivien, Venezuela, Ecuador, Katar, Kuba, Bahrein und anderswo als leuchtendes Vorbild. Tatsächlich haben sich zahlreiche Völker des Südens nach dem Beispiel Boliviens entschlossen, eine Nation zu errichten, die fähig ist, mit dem Westen zu brechen. Den Hass zu verwandeln in eine Kraft der Gerechtigkeit, des Fortschritts, der Freiheit. Und des Rechts.

Aber es gibt auch Irrwege. Jeder weiß, dass der Hass genauso gut in den identitären Fanatismus, die tribalistische Isolation münden kann. Denn das Empfinden des Selbst-Verlustes bei den Völkern, die Sklaverei und Kolonialismus erlebt haben, die tiefen Verstörungen und Traumata, die sie über Jahrhunderte erlitten haben, können einen blindwütigen Identitätswahn ethnischer, religiöser oder kultureller Art erzeugen. Anstatt einer multiethnischen, demokratischen Nation.

Ganz anders als der Tribalfanatismus steht die Nation für universelle Werte. Sie lässt die Unterschiede gelten und vereinigt sie im Bewusstsein, einer schützenden Gesamtheit anzugehören.

Unüberwindlicher Widerspruch zwischen Singularität und Universalität? Nein.

Die Begegnung einzigartiger Kulturen, die Komplementarität der Zugehörigkeiten begründen den kulturellen Reichtum und die Vielfalt der Nationen.

Heute empfindet der Süden Hass. Doch die Gelegenheit ist günstig für ihn, aufzubrechen und seiner selbst und der Fülle seiner Möglichkeiten habhaft zu werden. „Die Stunde unserer selbst ist gekommen", schreibt Aimé Césaire 1956 prophetisch an Maurice Thorez.

Der Süden will keinen „universellen" Westen mehr. Doch Süden und Westen sind Bewohner desselben Planeten. Wie soll dieser Planet „organisiert" werden? Auf der Basis von Toleranz, Gegenseitigkeit und Recht. Das gilt für den Süden wie den Westen.

Nein, eigenständige Identität und Weltbürgerschaft widersprechen sich nicht. Die Multipolarität der Weltgesellschaft ist nur um diesen Preis zu haben: Respektierung der Menschenrechte, des planetarischen Gesellschaftsvertrages, der gerechten Verteilung der Güter, des gemeinsamen Schutzes von Luft, Wasser, Erde und der für das Überleben aller Menschen erforderlichen Nahrung.

Wenn der Westen nicht endlich das Leid der südlichen Völker wahrnimmt, nicht hört, wie ihr Zorn wächst, seine Vorgehensweise nicht radikal verändert, die Wünsche und Entschlossenheit der Unterdrückten nicht berücksichtigt, wird der krankhafte Hass die Oberhand gewinnen.

Überlassen wir das letzte Wort Bertrand Russell, der die folgenden Sätze anlässlich der ersten Abrüstungskonferenz kurz nach der Hiroshima-Tragödie schrieb: „Wir wenden uns als Menschen an Menschen: Denkt an eure Menschlichkeit und vergesst alles andere! Wenn ihr das könnt, ist der Weg frei für eine neue Gesellschaft. Wenn nicht, droht der universelle Tod."

Und Georges Bernanos schrieb: „Gott hat keine anderen Hände als die unseren." Entweder wir selbst ändern diese Welt, sonst wird es keiner tun."

Vielen Dank

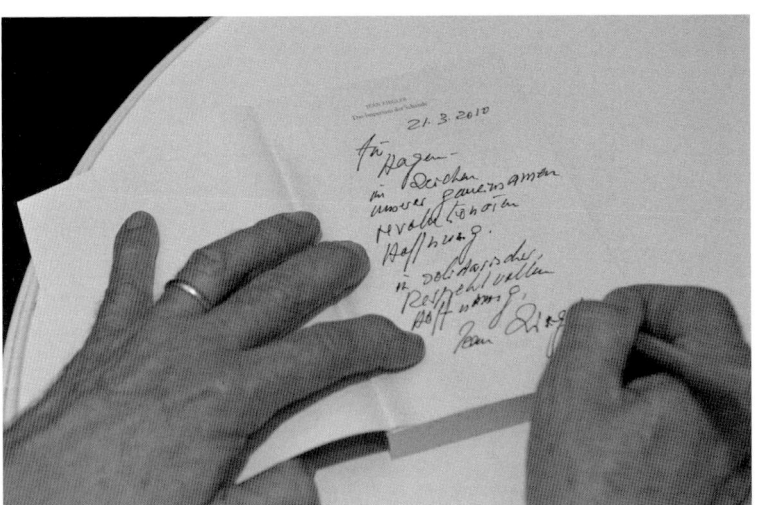

Schillers Name, ein Symbol für Gedankenfreiheit

Weimarer
Reden 2005
über Schiller

Felix Leibrock (Hg.)
**Mein unermesslich
Reich ist der Gedanke**
136 Seiten
Format 13,5 x 21 cm
ISBN 3-937939-13-X
ISBN-13 978-3-937939-13-1

Babara Piatti entwirft visionär eine neue Literaturgeschichtsschreibung. **Roger Willemsen** weißt am Beispiel des Freiheitsbegriffes nach, wie im politischen Kontext ein Wort zur Hülse degeneriert. **Frank Schirrmacher** konstatiert die Vorbeben einer kommenden Revolution, die sich aus einer verrutschenden Alterspyramide speist. **Hellmuth Karasek** erzählt von seiner persönlichen „Beziehung" zu Schiller.

weimarer
*t*aschenbuch
verlag

Unsere Affäre mit Frankreich

Weimarer
Reden 2006

Mit einer nicht
gehaltenen Rede
von Michel Tournier

Felix Leibrock (Hg.)
Rendezvous
176 Seiten
Format 13,5 x 21 cm
ISBN 3-937939-70-9
ISBN-13 978-3-937939-70-4

Die Weimarer Reden 2006 thematisieren die vielfältigen
Beziehungen zwischen Frankreich und Deutschland in
Geschichte, Gegenwart und Zukunft.
Die Redner kommen aus unterschiedlichen Bereichen und öff-
nen mit ihren aktuellen, originellen und spannenden
Ausführungen den Blick über den Tellerrand.

weimarer
*t*aschenbuch
verlag

Selbstbewusst – mutig – engagiert

Felix Leibrock (Hg.)
Starke Frauen
Weimarer Reden 2007
168 Seiten
Format 13,5 x 21 cm
ISBN 978-3-939964-03-2

Die Weimarer Reden 2007 stehen prominent für soziale und ethische
Diskussion, pädagogische Reflexion und demokratisches Engagement.
Vier Frauen sprechen zu Fragen aus ihrem Wirkungsfeld. Die Bezüge zu
Elisabeth von Thüringen und Herzogin Anna Amalia sind vielfach evi-
dent. Wie so oft in Weimar durchkreuzen sich Vergangenheit und
Zukunft an den Brennpunkten der Gegenwart.

weimarer
*t*aschenbuch
verlag

Zukunft andenken

Felix Leibrock (Hg.)
Zukunft andenken
Weimarer Reden 2008
128 Seiten
Format 13,5 x 21 cm
ISBN 978-3939964-16-2

Die Beiträge von **Klaus Töpfer, Charlotte Knobloch, Matthias Horx** und **Gabriele Krone-Schmalz** beschäftigen sich auf sehr unterschiedliche Weise mit Fragen der Zukunft: Umweltpolitik und Klimawandel, die Zukunft des Erinnerns im Kontext von Juden und Nichtjuden, Tendenzen und Trends der Zukunftsforschung und den deutsch-russischen Beziehungen.

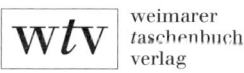 weimarer
taschenbuch
verlag

Demokratie in
Deutschland und Europa

In guter Verfassung?
Die demokratischen
Prozesse in Deutschland
und Europa
Weimarer Reden 209
144 Seiten
Format 13,5 x 21 cm
ISBN 978-3-939964-49-0

Im 90. Jahr der Nationalversammlung in Weimar und im 90. Jahr der Geburt der parlamentarischen Demokratie in Deutschland, sprechen **Władysław Bartoszewski, Fritz Pleitgen, Jutta Limbach** und **Gerhart Baum**, die sich exemplarisch mit der Bedeutung von demokratischen Prozessen in Deutschland und Europa des 20. und 21. Jahrhunderts auseinander setzen.

 weimarer
*t*aschenbuch
verlag